AF298089

PROSPECTUS

POUR PLACER

A LA TÊTE DE L'OUVRAGE INTITULÉ:

ADMINISTRATION

DU

MARQUIS DE POMBAL;

CONTENANT

*Les causes de la puissance & de la foiblesse
du Portugal.*

OUVRAGE PRÉLIMINAIRE

A AMSTERDAM,

M. DCC. LXXXVI.

(1)

DÉCLARATION

DE L'AUTEUR.

AVANT de publier l'Adminiftration du Marquis de Pombal , nous avons cru qu'il falloit donner une idée générale de la Nation qu'il a gouvernée , d'autant plus que cette même Nation eft peu connue. Le Portugal n'a point d'hiftoire moderne. M. de la Claye qui a écrit fes premières annales , a quitté la plume au moment qu'il falloit la prendre. Les révolutions anciennes de cette Monarchie dont il a donné le tableau , ne font rien en comparaifon de celles qui font plus près de nous.

Ce Royaume a cela de remarquable fur tous ceux de l'Europe, qu'il fut grand dans un âge où tous les autres étoient petits. C'eft dans la lie & la corruption de nos tems modernes , qu'il acquit des vertus , qui lui valurent l'Empire des trois plus grandes parties du monde. C'eft un trait de fes Annales dont les Hiftoriens ne nous difent point qu'aucune autre Nation puiffe fe vanter.

Les Portugais ouvrirent le monde , qui avoit refté fermé depuis la création. C'eft le premier peuple de la terre , qui , en s'é-

a

cet état d'anéantiſſement , où les âges barbares l'avoient plongée. Nous ne connoiſ-
ſons point de Nation qui ait procuré tant
de bien aux hommes.

Tout ce que les anciens ont fait de ma-
gnanime, de grand, d'héroïque pour le
monde, a fini avec eux; il n'en reſte de
veſtige que dans les livres. Alexandre, qui
conquit l'Univers , ne laiſſa à ſa mort que
des batailles, qu'on voit repréſentées ſur
la toile ; foible monument d'une gloire qui
s'éteint tous les jours. La Grèce qui domi-
na ſur toutes les Nations par les grandes vertus attachées à la liberté politique , n'a
donné au monde après elle que des eſclaves.
Il ne nous reſte aujourd'hui d'autre marque
de la grandeur de Rome, que des murailles,
des vaſes , des ſtatues mutilées ; au lieu que
les bienfaits que le Portugal a faits à l'Europe , ſont parvenus juſqu'à nous , c'eſt un
bien dont nous jouiſſons. Et qu'on ne diſe
pas que ces biens ne viennent pas du Portugal , mais de la fortune qui les a diſtribués
aux Etats. Lorſqu'une Nation par ſes travaux, par ſes fatigues, parvient à faire une
découverte qui procure des avantages, c'eſt
comme ſi elle les donnoit, parce que ſans
elle, on n'en auroit pas joui.

Mais ce peuple eſt encore plus ſurpre-

nant par son caractère que par ses établissemens. On le voit dans l'histoire ancienne
& moderne, passer successivement de la
petitesse à la grandeur, de l'humiliation
à la gloire, de la pauvreté aux richesses,
& ensuite descendre de la puissance à la foiblesse, de l'élévation à l'anéantissement, de
l'opulence à la misère, & se dégrader au point
de se rendre méconnoissable à lui-même.

On avoit vu des Etats dégénérer par des
vices attachés à leur constitution ; mais le
Portugal essuie des malheurs que la corruption ordinaire ne donne pas. Et pour passer
tout d'un coup des âges anciens à nos tems
modernes, nous venons de lui voir éprou-
ver des vicissitudes dont on on ne trouve
point d'exemple dans les annales de l'Europe.
Le ciel, la terre, les phénomènes, les élémens, les catastrophes, la famine, les crimes,
les complots & tous les vices attachés à la
nature humaine, semblent s'être rassemblés
pour conjurer contre son Gouvernement
politique.

A peine le Marquis de Pombal a pris les
rênes de l'Empire, que la terre s'ouvre ; Lisbonne est engloutie aves ses habitans ; les
Grands conjurent contre la Couronne ; la
seconde ville du Royaume se révolte ; au
milieu de ces malheurs, une puissance étrangère lui déclare la guerre, &c.

On trouvera ſes autres adverſités dans l'ouvrage qu'on annonce , ainſi que les moyens que ce Miniſtre mit en uſage pour en prévenir le mauvais effet.

Tant d'Auteurs ont écrit contre cet Agent de la Couronne du Portugal, tant de plumes ont cherché à défigurer cet homme d'Etat, qu'il feroit difficile aujourd'hui de dire ce qu'il eſt, ſi ſon adminiſtration ne nous avoit appris ce qu'il a été ; mais il y a une autre cauſe de cette prévention. Joſeph Ier. le choiſit pour l'aider à porter le poids du Gouvernement. Ce Prince plaça ſa confiance en lui ; il n'en fallut pas davantage pour lui attirer l'animadverſion de ces hommes, qui n'ayant point de génie, ne peuvent ſouffrir que d'autres en ayent. C'eſt l'effet ordinaire de l'amour-propre. Nous ſommes humiliés que d'autres poſſèdent un honneur que nous croyons ſeuls mériter.

Mais quelques traits qu'on ait empruntés pour le peindre avec des couleurs qui ne ſont pas les ſiennes, elles ne terniront pas ſa gloire, ſoit qu'on le conſidère par cette ambition même qui le fit prétendre à tout, cette audace qui l'éleva au-deſſus des premiers de l'Etat, cet empire qu'il exerça ſur les Grands ; cette fermeté qu'il montra au milieu des plus grands périls ; cette intrépidité qui lui fit mépriſer toutes les conju-

rations contre fa vie ; ou , foit qu'on l'en-
vifage par cette attention continuelle au
bien de l'Etat , par ce defir ardent qu'il eut
de rendre au Portugal fon ancienne puiffance , par la nouvelle forme qu'il donna
à l'adminiftration , par le nouveau cours
qu'il fit prendre aux affaires , par fon acti-
vité , par fes travaux , par les établiffemens
qu'il créa , qu'il forma , qu'il dirigea lui-
même , par fes loix , par fes réglemens , par
fes ordonnances , par l'éloignement qu'il eut
pour les fêtes , les plaifirs , les amufemens ,
& généralement tout ce qui porte avec foi
un caractère de diffipation.

Dans le premier cas , c'eft un grand homme
d'Etat , parce que tous les moyens qu'il emploie pour s'élever , portent l'empreinte du
grand. Dans le fecond , c'eft un fage Miniftre , parce qu'il méprife toutes les chofes
qui empêchent de l'être.

Pour prononcer fur la réputation d'un
Miniftre , il faut le juger fur les difficultés
vaincues , fur le nombre des obftacles fur-
montés , fur les moyens qu'il a employés
pour diriger l'Empire , furtout remonter au
tems qu'il a adminiftré ; car c'eft toujours
de celui-ci que dépend le génie de l'homme
d'Etat.

Si un nouveau Richelieu paroiffoit de nos
jours à la Cour de France , cet homme qu'on

regarda comme la lumière de fon fiècle &
une grande lumière, paſſeroit préſentement
pour un génie ordinaire; c'eſt que la nobleſſe
françoiſe eſt plus ſoumiſe à l'autorité royale,
& la Maiſon d'Autriche moins prépondérante qu'elle n'étoit du tems de Louis XIII:
deux coups d'Etat que ce Cardinal frappa,
décidèrent de ſa réputation.

On en pourroit dire de même de Colbert,
qui par quelques opérations numéraires,
acquit la plus haute réputation dans les finances. Si on les compare aujourd'hui avec
celles de M. Neker, ou de M. La-
borde; on trouvera que c'étoit un Financier très-ordinaire. C'eſt que tout eſt
relatif, & que ce qui eſt grand dans un tems,
eſt petit dans un autre.

Pour mieux développer le caractère de la
nation Portugaiſe & le génie de l'homme
d'Etat qui l'a gouvernée de nos jours, je remonte dans ce Proſpectus, à ſon ancien Gouvernement, à ſes loix, à ſes maximes, à ſa
première navigation, ſon paſſage aux Indes,
ſon énergie, ſa gloire, ſon art militaire,
ſes conquêtes, ſes travaux, ſes productions,
ſon commerce, ſes arts, ſes richeſſes, ainſi
qu'aux cauſes de ſa dégradation. Voilà,
pour m'exprimer ainſi, ce que je fais ſervir
de texte à l'adminiſtration du Marquis de
Pombal.   PROSPECTUS

PROSPECTUS.

CHAPITRE PREMIER.

D E *l'idée qu'on doit se former du Portugal dans les premiers tems. Son Gouvernement ancien, ses Loix, ses mœurs, ses manières, sa séparation des autres Nations.*

I L ne faut point comparer le Portugal dans ses commencemens aux autres Royaumes qu'on voit aujourd'hui. Cet Etat, dans son origine, ne ressemble en rien aux Sociétés politiques que nous connoissons. Ses premières navigations, ses découvertes, ses succès, ses conquêtes, sa pauvreté, ses richesses, ses vices, ses vertus portent un caractère personnel, qui ne peut être appliqué à aucun Gouvernement moderne.

Une Nation qui avoit passé plusieurs siècles sous la domination d'un peuple barbare ne devoit pas être civilisée. Nous sommes toujours ce que sont ceux avec qui nous vivons. Aussi le Portugal ne fut-il reconnu Royaume d'Europe, qu'après que ses loix, sa politique, ses usages & ses manières ne furent plus confondues avec celles d'Afrique.

Rien ne prouve mieux que les mœurs de ces tems-là lui étoient étrangères, que ce qui lui arriva alors. Ce peuple n'eut pas plutôt secoué le joug de ses tyrans, qu'il fit voir des germes de civilisa-

tion, que le Gouvernement oriental de fes Maître
l'avoit forcé de tenir cachés.

Le Portugal fe gouverna fagement dans un âg
où les meilleurs Gouvernemens de l'Europ
manquoient de fageffe. Ceci demande qu'on y ré
fléchiffe, fans quoi l'on pourroit croire que le
hommes d'un tems font différens de celui d'ui
autre.

La décadence de l'Empire Romain ayant fem
par-tout le trouble & la confufion, l'Europe entièr
fut dans l'Anarchie. Le Portugal feul, après l'ex-
pulfion des Maures, échappa à cette révolutioi
univerfelle. Sa pofition étoit admirable, pour le
mettre à couvert des divifions générales. Recule
dans un coin de l'Europe, éloigné des grands Em
pires qui font toujours le plus agités, il n'étoi
point obligé de payer de fa perfonne dans les guerre:
qui divifoient alors toutes les Sociétés de la République générale. [Il en eft des Etats, comme de:
particuliers qui ont befoin de repos pour conduire
leurs affaires avec ordre & fageffe.

D'un autre côté, le Portugal ne devoit pas donner des batailles pour fes befoins. Ce Royaume
trouvoit dans fon phyfique tout ce qui peut contribuer à rendre un peuple heureux : un ciel fe-
rein, un climat doux ; un terrein fertile & abondant ; il pouvoit fe paffer des Nations étrangères,
parce qu'il avoit chez lui ce qui leur manquoit ; mais le plus grand de tous fes biens étoit
fa petiteffe. Un Etat d'une étendue médiocre a cet
avantage, que le Prince qui le dirige peut porter la
main fur tous fes endroits foibles, & corriger les
vices à mefure qu'ils s'établiffent ; c'eft-à-dire au

moment qui décide ordinairement de la corruption d'un peuple , ce qui forme la plus heureuse des conſtitutions. L'exemple de ceci eſt dans l'Hiſtoire. Liſez les Annales de toutes les Sociétés politiques de l'Univers , & vous verrez que jamais grand Empire n'a réuſſi.

Le Prince d'un grand Etat reſſemble à un père de famille qui ayant un domaine très-étendu & un trop grand nombre d'enfans , eſt obligé d'en confier le ſoin à un autre qui n'en remplit jamais bien les fonctions. Premièrement , parce que cette famille n'eſt pas la ſienne ; ſecondement , parce que ſes devoirs ne ſont pas les ſiens. Règle géné-rale , toute adminiſtration qui n'eſt pas celle de ſa propre maiſon , eſt étrangère à celui qui l'admi-niſtre. Voyez un Roi qui gouverne par lui-même ; il fait plus de bien à ſon peuple dans un luſtre , que ſes Miniſtres ne lui en font en un ſiècle.

Une des cauſes de la proſpérité de ce Royaume , c'eſt que ſes premiers Rois furent citoyens. Ils virent la République avant le Trône. Dans l'établiſ-ſement des Sociétés politiques , ce ſont les Chefs qui décident de la puiſſance , ou de la foibleſſe de l'Empire. En général , les hommes n'ont point de caractère , encore moins de volonté. Ils ſont ce que le Gouvernement veut qu'ils ſoient.

Dans le monarchique , tout dépend du Souve-rain. Il a dans ſes mains une puiſſance coercitive qui ramène tout à lui. C'eſt le ſoleil qui échauffe tous les eſprits , & la lumière qui éclaire toutes les ames. C'eſt lui qui diſpoſe des vocations , & qui fait qu'on embraſſe un état plutôt qu'un autre.

Le Roi veut-il que ſon peuple ſoit militaire , il

lui fuffit de prendre les armes , & de faire battre
fouvent la générale. Souhaite-t-il que fes fujets
foient plus citoyens que foldats , il n'a qu'à vouloir la paix. S'il protège les Sciences, il aura des
Savans ; s'il chérit les Arts , il verra naître les
talens ; s'il marque de l'amour pour la juftice,
les Tribunaux feront juftes ; s'il aime la probité dans fes Miniftres , & qu'il fache diftinguer
l'intrigant de l'homme d'Etat, on verra s'éteindre
dans le Miniftère , cette race d'hommes à reffources fictives qui préfentent une main pour fe-
courir l'Etat, & l'accablent enfuite avec une infinité de bras , parce que le nombre de ceux qui
demandent un argent qu'ils n'ont fait qu'avancer,
font autant de marteaux , fi l'on peut s'exprimer
ainfi , qui frappent fur la République.

Que fi l'on fuit le Prince dans fes vertus, on le
fuivra encore plus dans fes vices. Ainfi s'il aime la
dépenfe , le luxe , le fafte & la profufion s'établi-
ront par-tout. S'il eft peu actif, fes fujets ne feront guères vigilans. S'il court après les plaifirs ,
on ne s'occupera que de divertiffemens ; s'il a des
intrigues d'amour , tout le monde aura des mai-
treffes ; fi fa maifon eft bien réglée , celles des
Grands le feront, & les petits les imiteront. En un
mot, dans le Gouvernement monarchique la Cour
eft le miroir où chacun fe regarde ; fi la glace eft
louche , tout le monde fe voit de travers.

Lorfque j'avance que les hommes font ce que
les Chefs des fociétés veulent qu'ils foient, je ne
dis pas une chofe vaine, je parle après toutes les
Hiftoires.

Solon , Lycurgue , Romulus donnèrent des

vertus à des hommes épars, qui n'euſſent été que
des brigands livrés à toutes ſortes de vices. Cette
loi s'étend juſqu'aux Etats formés depuis de longues générations. Attila mit de l'ordre & de la diſ-
cipline juſque dans la barbarie de ſon Gouvernement. Charlemagne réforma ſon Empire, Louis
XIV, dans nos tems modernes, donna un nouveau génie à la France. Cromwel lui-même, qui
le diroit! Cromwel, du ſein de la tyrannie, éleva
la Nation Angloiſe à un état de grandeur, d'où elle
n'eſt pas deſcendue depuis; tant il eſt vrai, comme
nous venons de le dire, que les Chefs des ſociétés
décident du ſort de ceux qui les compoſent.

Les premiers Rois du Portugal traitoient tous
leurs ſujets avec les mêmes égards; la ſeule différence qu'ils y mettoient, étoit dans la vertu, la
ſageſſe, ou les talens ſupérieurs. Le mot, *je le
veux*, n'étoit point connu de ces Princes; ils ne
vouloient que ce qu'ils devoient vouloir.

Lorſqu'il falloit prononcer ſur les affaires de la
Nation, ils ne délibéroient jamais ſeuls; parce
qu'ils penſoient que le Roi dans le Conſeil n'eſt
qu'un homme : on aſſembloit les Etats, où chaque
citoyen élu aſſiſtoit en perſonne, & non par des
des repréſentans, qui ne repréſentent jamais bien
ceux qu'ils doivent repréſenter.

Un Conſeil éclairé décidoit des affaires portées
devant le Souverain : ſorte de Gouvernement mixte,
qui devenant en quelque façon républicain, eſt le
meilleur de tous, parce qu'il prévient les maux
qui naiſſent des révolutions qui environnent le Trône.
Les plus grands Rois ont dans leur vie des périodes
d'ambition : après quoi l'oiſiveté, la molleſſe ou

l'amour des plaisirs succèdent aux plus grands travaux. C'est alors que les grandes maximes d'Etat disparoissent, & que les vices populaires prennent la place des vertus royales. À quelle gloire Louis XIV n'eût pas élevé la France, si les dernières années de son règne avoient ressemblé aux premières. Ce Prince vit à la fin de ses jours sa puissance languir au milieu des établissemens même qui avoient contribué autrefois à sa grandeur. Il n'opposoit plus d'armée à ses ennemis, qui ne fût malheureuse. Dans le dernier période de sa vie, les vicissitudes naissoient des vicissitudes, & les malheurs des malheurs. Surtout le désordre de ses finances étoit si grand, que Colbert étoit obligé de vendre les revenus de la Couronne en détail pour faire de l'argent en gros. C'est que Louis ne voyoit plus les hommes du même œil, & que l'âge qui éteint le feu des grandes passions, en allume d'autres foibles & languissantes, à qui il manque cet enthousiasme qui conduit au grand. C'est dans ces tems malheureux, où il faut un Conseil permanent, pour faire reprendre la vigueur à l'administration, en faisant sortir les loix de la poussière où le relâchement des mœurs les a comme ensevelies.

Les premières loix du Portugal portoient l'empreinte du grand. Dans toutes, ou presque toutes, la morale étoit confondue avec la politique. Il suffisoit de les maintenir dans leur vigueur, pour élever l'Etat à la grandeur. On n'héritoit pas des vertus de ses ancêtres. Les honneurs de ceux qui descendoient dans le tombeau, n'en sortoient plus. Les morts n'avoient aucune communication avec les vivans. Une vertu enfevelie étoit une vertu anéantie.

L'eftime & la confidération tiroient leur fource de la guerre, comme la profeffion, non-feulement la plus honorable, mais même la plus néceffaire. Les autres qualités tiennent aux citoyens ; les vertus militaires tiennent à l'Etat politique dont elles font l'appui & le foutien.

Pour acquérir les grades militaires, il falloit avoir tué le Général à la guerre, ou du moins fon Aide-de-Camp. Un Noble qui infultoit une femme, dérogeoit. Un Grand qui rendoit un faux témoignage, perdoit voix en Cour. Un Gentilhomme qui mentoit devant le Roi, étoit banni de fa préfence. Il fuffiroit aujourd'hui d'une telle loi pour dépeupler de Courtifans toutes les Cours de l'Europe. Un Courtifan pafferoit de nos jours pour un homme qui ne fait pas fon métier, s'il ne taifoit au Prince, ce qu'il lui importe le plus, de lui dire la vérité.

Dans un Gouvernement où les premiers de l'Etat ont beaucoup de vertus, ceux du fecond rang ont peu de vices. C'eft que par-tout, un homme eft un fpectacle pour un autre homme. Il fuffit pour l'ordinaire, que ceux qui font au-deffus de nous aient dés qualités pour que nous en ayons. Par la même raifon nos inférieurs, en nous imitant, feront ce que nous fommes. Le contraire arrive dans une Monarchie où la Cour eft remplie de Courtifans. Il fuffit du portrait qu'en a fait un Philofophe moderne pour juger du défordre qu'ils peuvent caufer. Ce portrait eft d'après nature : « L'ambition » dans l'oifiveté, la baffeffe dans l'orgueil, le » defir de s'enrichir fans travail, l'averfion pour

» la vérité, la flatterie, la trahison, la perfidie,
» l'abandon de tous ses engagemens, le mépris
» des devoirs de citoyen, la crainte de la vertu
» du Prince, l'espérance de ses foiblesses, le ridi-
» cule perpétuel jetté sur la vertu, forment le ca-
» ractère des courtisans : or il est très-mal-aisé
» que les principaux d'un Etat soient malhon-
» nêtes gens, & que les inférieurs soient gens de
» bien ; que ceux-là soient trompeurs, & que ceux-
» ci consentent à n'être que dupes.

Les intrigans & les flatteurs n'avoient point
accès à la Cour de Lisbonne. Tout étoit vuide au-
tour du Trône. La Noblesse habitoit ses châteaux
& ses terres qu'elle faisoit valoir elle-même ; car
les fermiers, c'est à-dire la maltôte des champs, n'é-
toient pas encore connue dans ce Royaume.

Le Clergé ne gênoit point l'Etat politique. Les
gens d'Eglise ne prenoient pas sur les gens du
monde. Cette profession, la premiere de toutes,
n'offusquoit pas les autres. Autant qu'on a pu les
supputer par des calculs de ce tems-là, il y avoit
un Prêtre pour cent citoyens, ce qui est le nombre
suffisant pour faire prier Dieu les hommes, sans
que ceux qui les font prier, portent préjudice à
ceux qui prient.

Les Moines qui de tout tems se font multipliés
au-delà de la proportion relative des autres céliba-
taires, étoient en moindre quantité. Et ceux-ci,
au-lieu d'être des intrigans, étoient occupés au
service de l'autel, & non pas aux affaires du monde,
auxquelles ils avoient renoncé par des vœux qui les
obligeoient à la contemplation, & non pas à la
dissipation.

Mais ce qui servit plus dans ces premiers tems à la prospérité du Portugal, c'est que son peuple étoit séparé des autres de l'Europe.

Platon, dans sa République, défend expressément la fréquentation des étrangers; & on sait que ce Philosophe connoissoit le cœur humain, qui se gâte toujours par les usages, les coutumes & les manières qui ne sont pas les siennes.

Je supplie qu'on me permette quelques réflexions sur cette fréquentation des Nations; chose qui intéresse autant le destin des hommes que la puissance des Rois, à laquelle, la politique jusques ici, n'a fait aucune attention.

Les Européens sont surprenans; ils veulent que tout se plie à leurs préjugés, ils croient que l'Univers entier doit voir par leurs yeux; il ne leur suffit pas que les trois plus grandes parties de la terre pensent différemment sur cette réunion, il a fallu encore qu'ils s'opposassent à leur manière de penser. On a dit & on a écrit. (1) *La Société a fait que les connoissances des mœurs de toutes les Nations a pénétré par-tout; on les a comparées ensemble : il en est résulté de grands biens.* On auroit mieux fait de dire qu'il en est survenu de grands maux.

Dans les assertions qui tiennent à l'espece humaine, il faut toujours prendre la nature pour guide. Croit-on que si elle avoit voulu cette association des hommes de tous les climats & de tous les pays, elle les eût séparés par des barrières presque insurmontables, & les eût tenues éloignées les

____

(1) L'Esprit des Loix, dans le Chapitre du Commerce.

unes des autres par des langues & des coutumes diamétralement opposées ?

On lit dans l'histoire, que lorsque Rome étendit ses bras hors de l'Italie, elle se corrompit par le mélange des Nations.

Chaque Société a des mœurs à elle, qui lui sont particulières, & si particulières, que c'est un grand hasard, si celles d'un peuple conviennent à un autre.

C'est par cette séparation que les Gouvernemens les plus anciens & les mieux policés de la terre, sont parvenus jusques à nos tems modernes.

La Chine défend aux étrangers l'entrée de son Empire. Le Japon n'a jamais voulu ouvrir les portes du sien aux Européens. Il n'admet dans son commerce que la seule nation Hollandoise ; encore est-ce à des conditions si onéreuses, qu'il n'y a qu'un peuple plus avide d'argent que de gloire qui ait pu les accepter.

À la découverte du Nouveau-Monde, les sauvages n'eurent pas plutôt fréquenté les Européens qu'ils ne manquèrent pas de prendre leurs vices.

Les Turcs n'ont dégénéré, que depuis qu'ils se sont liés avec les étrangers.

Avant qu'il fût permis aux Russes de communiquer avec les autres Nations, ils avoient beaucoup de vertus & peu de vices. Après que Pierre I. eût ôté la barrière qui les en séparoit, ils eurent beaucoup de vices & peu de vertus.

Nous verrons dans l'administration du Marquis de Pombal, que sous le règne de Jean V., la même cause en Portugal produisit le même effet.

Cette différence se trouve de peuple à peuple

chez le même peuple. Ceux qui ont voyagé dans le nord de l'Angleterre, ont senti la différence qu'il y a de ses habitans avec ceux de la capitale. L'un est la contrée de la probité & de la candeur ; l'autre le pays de l'intempérance & de la débauche. On diroit que ce sont deux Nations différentes, si peu elles se ressemblent.

Même observation sur les continens de la France qui ne communiquent point avec les autres, comparés à Paris qui communique avec toutes les Nations étrangères.

Un Provincial qui a passé vingt ans dans cette tour de Babel, de retour dans la province n'est plus connoissable.

Cette loi est si fort dans la nature, qu'elle s'étend jusques aux voyageurs. En général, les mœurs de ceux-ci sont plus gâtées, que celles des hommes sédentaires. Je parle de ceux qui passent leur vie à parcourir le monde : c'est qu'ils perdent les vertus de leurs pays, qu'ils n'habitent plus, pour prendre les vices de tous les différens pays qu'ils habitent.

L'Asie a là-dessus des loix qui sont admirables : non-seulement les Nations sont séparées les unes des autres, mais elles le sont d'elles-mêmes; chaque maison forme un gouvernement isolé, qui n'a aucune communication avec le gouvernement de son voisin, ce qui produit un si bon effet, que cela seul soutient l'Empire, malgré les vices de l'administration politique, qui devroient le faire périr.

En général, nous tenons nos mœurs des femmes, parce que la nature qui a mis en nous le desir de leur plaire, nous porte à nous conformer à leur goût & à leurs manières ; mais l'expérience nous apprend que lorsque cette fréquentation eft trop grande, elle dégénère en vice. Voilà ce qui fait que les mœurs des femmes de l'orient font fi pures, & que celles des femmes de l'Europe le font fi peu. Il faudroit bien des chofes pour faire entendre à une dame Turque, ou à une dame Perfane, accoutumée à la chafteté du ferrail, qu'une femme dans nos contrées, pouffe la diffolution jufques à fe livrer aux defirs d'un homme qui n'eft pas fon époux, & qui ofe enfuite fe montrer dans le monde fans rougir de fon incontinence.

Ceux qui ont dit que la fortune gouverne le monde, ont dit une grande abfurdité ; car quelle plus grande abfurdité, que des combinaifons de hafard dirigent cet ordre méthodique & fuivi qui conduit une fociété politique. L'idée de l'empire & de la domination eft fi compofée, & dépend de tant d'autres idées, qu'il faut néceffairement qu'elles foient précédées de réflexions méthodiques, analogues à la fcience du Gouvernement. Or cet ordre des chofes eft tout-à-fait indépendant de cette divinité aveugle qu'on dit préfider aux évènemens des Empires. La fortune n'eft qu'un nom vuide de fens, ou pour parler plus exactement ; c'eft un voile dont chacun fe couvre, pour cacher fon ignorance. On dit qu'un certain Miniftre demandoit à ceux qu'il employoit dans les affaires, s'ils étoient heureux ; cette demande, à laquelle on a donné différens fens, fe réduifoit à favoir s'ils étoient capables, c'eft-à-dire s'ils réuffiffoient dans leurs entreprifes ; chofe prefque toujours attachée à la fuffifance. Les politiques fe fervent de ce mot, pour se mettre à couvert des fautes d'Etat : les Princes pour se disculper des négligences dont on peut les accuser sur le travail assidu que demande la science du Gouvernement. Les Ministres l'emploient pour cacher leur incapacité, & les Généraux d'armée pour se justifier des batailles perdues, n'y ayant rien de si commode, que de rejeter sur un nom, ce qui mérite souvent les plus grands reproches.

En effet ou a-t-on vu qu'un grand politique qui a combiné d'avance tous les accidens qui peuvent entrer dans son plan, & qui a paré à tous ceux qui peuvent l'empêcher d'avoir lieu, le voie échouer.

Où a-t-on trouvé qu'un Roi qui gouverne avec sagesse, qui met de l'ordre & de la méthode dans ses affaires, qui ne se laisse point prévenir, qui voit tout par lui-même, qui n'a ni maîtresses, ni favoris, qui travaille continuellement pour la république, ne rende ses sujets heureux ?

Dans quel livre a-t-on lu, qu'un Ministre citoyen, qui a des lumières, de l'intelligence & de la capacité, qui dirige toutes les branches de l'Administration au bien général, ait rendu l'Etat foible & languissant ?

Dans quelles annales militaires, depuis Alexandre jusques à nous, a-t-on trouvé, qu'un Général qui connoît les loix de la guerre, & qui les dirige sur le grand principe de cet Art, ait perdu toutes ses batailles ?

Il n'est pas impossible que des cas particuliers ne dérogent à cet ordre ; mais des cas particuliers ne font pas une loi. Et il est ici question du mot le plus équivoque qui soit dans les langues : *La Fortune.*

On trouve dans l'état actuel de la République générale, la cause de la foiblesse & de la puissance des sociétés politiques.

Voici le tableau que donne du Gouvernement un homme de beaucoup d'esprit. Ce qu'on appelle union dans le corps politique, dit-il, est une chose très-équivoque; la voici: c'est une union d'harmonie, qui fait que les parties, toutes opposées qu'elles nous paroissent, conviennent au bien général, comme des dissonances dans la musique, conviennent à l'accord du total. Il peut y avoir de l'union dans un Gouvernement où l'on ne croit voir que du trouble; c'est-à-dire, une harmonie d'où résulte le bonheur, qui est la vraie paix. Il en est comme des parties de cet univers, éternellement liées par l'action des unes & la réaction des autres.

Pour ramener ces idées générales des différens Gouvernemens à celui du peuple, dont il est ici question, tant que les Portugais se conduisirent sur de bons principes, ils prospérèrent; lorsqu'ils en adoptèrent de mauvais, ils dégénérèrent. C'est l'histoire de toutes les nations, de tous les peuples, & de tous les Etats de l'Univers.

Cependant il faut représenter ce peuple sur le théâtre de sa puissance, avant de le voir déchoir de sa grandeur.

CHAPITRE II.

Première Navigation des Portugais. Etablissement de la Marine moderne.

APRÈS la révolution qui partagea l'Empire Romain en autant de Souverainetés particulières, qui avoient chacune leur inftitution, leurs loix, leurs puiffances, les Gouvernemens d'une grandeur médiocre ne purent fe flatter d'étendre leur domination. Auffi, il devoit arriver de deux chofes l'une, ou que le Portugal refteroit une pauvre & petite Monarchie, ou bien qu'elle fe frayeroit un chemin à la puiffance, par quelque coup d'éclat.

L'Europe ne pouvoit lui fournir aucun moyen d'aggrandiffement. La Cour de Lisbonne choifit donc l'Océan pour être le champ de fes exploits. Lorfqu'un Gouvernement forme le deffein d'augmenter fon pouvoir de terre, il connoît à-peu-près d'avance, où celui-ci peut le conduire, au-lieu qu'il ne fait pas où fon afcendant fur mer pourra le mener. C'eft que tout eft nouveau fur cet élément, que fes événemens, fes viciffitudes, fes hafards, fes écueils même peuvent conduire à la grandeur.

Les Portugais furent les premiers navigateurs de nos tems modernes, car on ne peut pas appeler du nom de navigation, ces petits voyages de mer d'une côte à l'autre, où l'on ne perdoit point la terre de vue.

Ce peuple ouvrit l'Univers, qui, depuis la création, avoit resté fermé. Il joignit ensemble toutes les parties du globe. Cette réunion est un des plus grands événémens de notre monde, tant par l'influence qu'il eut sur les Rois, que par la révolution qu'il causa chez les hommes.

Jean I. Jean II & Emmanuel, trois grands Princes, qui par un grand bonheur se succédèrent, travaillèrent à ce plan de réunion. Il est à présumer qu'ils ignoroient eux-mêmes tous les avantages, ou les désavantages que cette découverte pouvoit causer au genre humain ; car dans les entreprises des Rois, on leur fait souvent honneur des biens auxquels ils ne pensèrent point, ainsi qu'on les accuse des maux dont ils ne s'occupèrent jamais.

Quoi qu'il en soit, l'histoire ne dit point qu'aucun projet royal, ait été conçu avec autant de hardiesse, que de supériorité de génie. Il n'étoit pas question de suivre le plan d'une Marine, mais de créer une Marine ; il s'agissoit de se frayer une route nouvelle sur l'océan, & de passer aux Indes orientales par un chemin inconnu à toutes les Nations de la terre.

Vasco de Gama qui fut chargé de cette entreprise, la plus grande qui ait jamais été donnée à un mortel, essuya les dangers inévitables d'une navigation, où l'expérience ne suppléoit en rien aux événemens qui naissent de la mer.

Gama après avoir traversé de longues mers inconnues, arriva aux Indes treize mois après son départ de Lisbonne.

Ce voyage, le plus long & le plus hasardeux sur un élément qu'aucune Nation n'avoit osé franchir,

chir, mène à cette réflexion, que si quelque chose mérite l'attention des hommes, c'est certainement la Marine moderne. Tout y est nouveau, son origine, ses progrès, sa perfection ne ressemblent en rien aux autres branches de l'Administration, qui ont été imitées & souvent même copiées les unes des autres.

Il est certain que la mer ne devoit point servir de théâtre à l'ambition des hommes. Un élément qui ne peut pas être habité, ne doit point être combiné : aussi la marine marcha-t-elle d'un pas plus lent que tous les autres Arts.

Les anciens, de qui nous tenons tout, ne nous ont rien laissé sur la navigation.

Rome qui fit la conquête du monde, & Carthage qui la lui disputa, ne connoissoient que les bords de la Méditerranée. Toute leur marine consistoit en quelques bateaux plats. Et en effet ils n'avoient pas besoin d'autres navires pour traverser le passage étroit qui sépare l'Europe de l'Afrique. C'étoit alors le seul endroit de la mer où l'on se battoit. Il est probable, que si Carthage n'avoit pas disputé l'Empire aux Romains, l'Europe n'eût jamais eu de marine. Peut-être que ce premier état de paix eût établi à jamais la tranquillité sur un élément qui ne doit essuyer d'autre révolution que celle qui naît de ses vagues.

Avant la navigation, les maux attachés au fléau de la guerre se bornoient à quelques continens de la terre ; mais lorsqu'à ce théâtre particulier on eut joint celui de la mer, la scène des malheurs du monde devint universelle.

Après la destruction des Romains & des Carthaginois, les feuls peuples qui rougirent la mer de leur fang, cet élément jouit pendant douze fiècles d'une paix profonde ; car il ne faut pas encore ici compter pour des guerres, ces brigandages de barbares, qui ne s'approchoient des rivages, que pour y voler ceux qui les habitoient.

On ne pouvoit naviger fur le grand Océan, fans avoir un guide, & il n'étoit guère poffible à l'efprit humain d'imaginer qu'il pût jamais en avoir un, lorfqu'on trouva la bouffole. L'Europe ne fait pas trop à qui elle la doit : on croit la tenir des Chinois, nation déjà éclairée, lorfque toutes les autres étoient encore dans l'ignorance ; mais il y a apparence que le monde la doit au hazard, comme la plupart des autres inftrumens funeftes qui ont défolé la terre.

Il eft remarquable dans l'Hiftoire des événemens de ce monde, que c'eft à cette aiguille aimantée que nous devons la mort de cent millions de mortels : tant il eft vrai que la moindre découverte de l'efprit humain peut faire un grand changement fur le globe, & que s'il y a des Arts qui ont fait quelque bien, il y en a auffi qui ont caufé beaucoup de maux.

La bouffole n'avoit cependant d'autre utilité que de montrer aux navigateurs de combien ils s'approchoient ou s'éloignoient du Nord. Ceci étoit fuffifant pour naviger fur cet élément ; mais non pas affez pour s'y égorger.

Néanmoins l'effet de la bouffole fut de produire la guerre maritime, dont les combats furent d'autant plus funeftes, qu'ils annoncèrent cette révolution, qui a bouleverfé depuis l'univers entier.

La première bataille confidérable qui fe donna dans nos tems modernes, fut celle de *Lépante* fur la Méditerranée, où l'on vit pour la première fois combattre environ trois cents galères des Turcs & des Chrétiens avec un acharnement qui ne s'étoit pas encore fait remarquer dans les combats de terre. On a obfervé que la mer ajoute beaucoup de férocité à l'homme qui fe bat fur cet élément : on diroit que fon courage femble emprunter fa force de la fureur des vagues. Il y a cette différence entre les combats de terre & les batailles de mer, que ceux-là font fubordonnés à un ordre & une difcipline militaire, qui diminue un peu de leur cruauté, au lieu que celles-ci vont toujours dans leur premier carnage. Sur terre, une armée battue fe retire en ordre de bataille ; fur mer, une armée navale n'a d'autre retraite que celle des ondes, ce qui fait qu'elle fe bat jufques à la derniere extinction de fes forces.

La feconde guerre navale qui agita l'onde, fut celle de l'*invincibile Armata*, levée par Philippe II. La grandeur, le nombre de fes vaiffeaux, firent foupçonner, pour la première fois, à l'Europe, que le Roi de la mer pourroit devenir un jour le Roi de la terre. Cependant cet effai ne fut pas heureux à ce Prince, qui vit échouer fon vafte projet de dominer fur l'onde. Ce ne fut point la nation à qui l'Efpagne avoit déclaré la guerre qui remporta la victoire, ce fut la tempête qui gagna la bataille. Leçon importante pour les Puiffances maritimes, qui doivent plus fe défier de cet élément, qu'elles ne doivent fe confier fur leurs forces navales.

Les Hollandois prirent le sceptre de la mer, qui venoit de tomber des mains des Espagnols, & depuis ils ont conservé l'Empire d'un élément, qui faute de continent, leur tient lieu de domaine. C'est la seule Puissance de l'Europe à qui il a convenu de s'établir sur les mers. Lorsqu'un peuple manque de faculté pour subsister sur un élément, il est naturel qu'il cherche à vivre sur l'autre.

Les guerres civiles de presque tous les Etats de l'Europe contribuèrent à la domination de ces Républicains sur l'Océan. Il est remarquable dans l'Histoire des établissemens sur l'un & l'autre élément, que les causes secondes ont presque toujours favorisé les premières.

Cependant l'Angleterre revenue de ses dissensions domestiques sous l'administration ambitieuse de Cromwel, voulut partager avec la Hollande l'Empire des mers ; c'est-à-dire, acquérir la supériorité. Car toutes les fois qu'un Etat qui a un domaine plus étendu & une puissance plus grande, entre en concurrence avec un autre qui lui est inférieur, il ne tarde pas à lui donner la loi.

Les Hollandois, pour ne pas dégénérer, se battirent long-tems avec les Anglois pour conserver au moins la rivalité, qui, à la mer, fait jouir d'une forte d'égalité.

La France, qui auroit dû se borner à la terre, dont elle étoit devenue Puissance prépondérante, aspira encore à l'Empire des mers.

Louis XIV acheta une marine. Ce Prince fit, avec l'argent, ce qu'avant lui l'argent seul n'avoit jamais pu faire. Il suppléa avec ce métal à ce que la nature avoit refusé à sa nation, qui étoit bien

affez forte pour fe défendre fur terre, mais trop
foible pour fe battre fur mer ; d'ailleurs la France
ne jouiffoit pas d'un commerce affez floriffant pour
avoir une grande marine Royale, dont la navigation marchande eft la bafe. D'un autre côté, il falloit
que fes flottes fe battiffent d'abord avec deux nations, qui n'ayant d'autres reffources que la mer,
étoient maritimes par état.

Louis joignit donc le pavillon à l'étendart,
croyant que celui-là donneroit de la force à celui-ci;
mais ce Prince, d'ailleurs très éclairé, fe trompa :
il falloit néceffairement que l'un affoiblît l'autre.
La bataille de la *Hogue* découvrit à la France cette
importante vérité, dont néanmoins elle n'eft pas
encore tout-à-fait perfuadée.

Les Romains pouvoient feuls dominer fur deux
élémens, parce qu'ils avoient dans leurs mains une
puiffance coercitive, qui réuniffoit tout à leur force;
mais depuis que le pouvoir général eft divifé en
autant de branches qu'il y a de Gouvernemens différens, une nation ne fauroit acquérir la puiffance
de la mer, fans perdre celle de terre; ni fe fortifier
fur celle-ci, fans s'affoiblir fur celle-là. Syftème
qui, s'il pouvoit être adopté par certains Gouvernemens de l'Europe, éviteroit bien des maux fur
l'un & l'autre élément.

Il fuffit de l'Hiftoire des nations maritimes pour
voir que les deux Puiffances ne peuvent pas fe trouver dans la même main. Tandis que l'Angleterre
étendit fes bras hors de fon île, pour dominer fur
la France, elle n'eut point ou prefque point de
vaiffeaux. C'eft qu'elle afpiroit dans ces tems-là à
devenir Puiffance de terre. Sa politique fe bornoit

alors à avoir des foldats au lieu de matelots, &
des fortifications à la place de navires. Ce ne fut
qu'après qu'elle eut perdu l'influence qu'elle avoit
fur cet élément, qu'elle chercha à dominer fur
l'autre. Sa marine ne date guère que du tems que
la France l'obligea de repaffer la mer, & que
Calais devint frontière de l'Angleterre. C'eft à la
petiteffe de fon île qu'elle doit la grandeur de fa
marine, & c'eft à cette même foibleffe, qu'elle eft
redevable de la force qu'elle a acquife fur l'Océan.

Il ne faut pas s'en rapporter à cette Nation fur
la domination des mers, qu'elle fait remonter jufques aux tems de Céfar. Elle a beau vouloir rendre fa marine ancienne, elle eft très-moderne. Je
parle de la puiffance maritime Royale, & non pas
de la navigation marchande, qui dans une île eft
toujours très-ancienne, parce qu'il faut que fon
peuple fe procure par la mer ce que la terre lui-
refufe.

On fait qu'Henri V I I I voulant équiper une
petite flotte, fut obligé de louer des vaiffeaux aux
Génois & aux Vénitiens, qui en avoient beaucoup alors, & qui n'en ont guère aujourd'hui,
car l'Empire de la mer a changé de maître, comme
l'empire de la terre a changé de fouveraineté.

Elifabeth, qui joignoit à l'ambition d'une femme celle de paffer pour une grande Reine, fut
en quelque forte la première qui donna une conftitution à la marine angloife. Elle ne laiffa pour-
tant à fa mort que quarante vaiffeaux de ligne ;
mais c'étoit dans ces tems-là une grande marine.
Charles I I, qui, dit-on, étoit plus occupé de fes
plaifirs, que de fa puiffance, y en ajouta qua-

rante-trois. C'eft que le goût pour la marine étoit déjà formé, & que lorfqu'une Nation a une fois le génie d'une adminiftration, le Prince n'a pref-que plus rien à faire qu'à la protéger.

Dès que l'Angleterre eut une marine, le Por-tugal n'en eut plus. On verra dans l'Ouvrage que j'annonce, que cette Nation s'eft chargée de fa navigation, qu'elle fait tout fon commerce de mer, qu'elle agit pour elle; en un mot, qu'elle fait pour elle ce qu'elle devroit faire elle-même.

CHAPITRE III.

Changement qui fe fait dans le caractère des Portu-gais en paffant les mers, leurs maximes mili-taires, leur grandeur, leur puiffance dans les Indes.

LES Portugais n'eurent pas plutôt paffé les mers qu'ils fe diftinguèrent de toutes les Nations de l'Europe, par les plus grands exploits. Il faut fou-vent tranfplanter les hommes pour favoir ce qu'ils valent. Rarement font-ils dans leur pays, ce qu'ils font dans celui des autres.

Les Romains firent voir en Afrique un courage invincible. Les Carthaginois devant Rome mon-trèrent une bravoure indomptable. Et pour paffer des anciens aux modernes, les Anglois qu'on a tou-jours vaincus chez eux, ont prefque toujours été vainqueurs chez les autres: c'eft un effet qui dé-rive de fa caufe. Dans fa patrie, le gros de la Nation qui n'eſt point militaire, voyant l'ennemi à ſes portes, craint pour ſa vie ou ſes biens. La timidité s'empare de ſon ame : on voit en lui la pâleur répandue ſur ſon front. Cette terreur panique ſe communique à l'armée, ce qui l'affoiblit ; car les hommes ſont toujours émus de ce qui porte avec ſoi un caractère d'émotion, ſans compter qu'il y a ordinairement des cabales. Ceux qui ne commandent pas les troupes voudroient les commander, ce qui fait que le Général a ſouvent plus d'ennemis dans la ville, qu'il n'en a dans l'armée ennemie ; de ces diviſions à une défaite générale, il n'y a ſouvent d'autre diſtance, que celle du tems de la bataille. La guerre au loin n'a aucun de ces inconvéniens. Le Général qui n'eſt point diſtrait par les intrigues de la Cour, va droit à l'ennemi, & preſque toujours le bat. Le ſoldat qui n'attendoit point de butin dans ſa patrie, eſpère d'en trouver chez une Nation étrangère, où il fait la guerre, ce qui lui donne du courage.

Les Portugais ſurpaſſèrent les premières nations du monde dans cette gloire qui tire ſa ſource des obſtacles vaincus & des difficultés ſurmontées. Jamais peuple à l'exemple des Romains ne prépara la guerre avec tant de prudence, & ne la fit avec tant d'audace.

Une des cauſes de la proſpérité des Portugais dans les Indes, fut que ſes premiers Amiraux furent tous de grands Généraux. On ne trouve point ailleurs dans l'hiſtoire une telle ſuite d'hommes d'Etat & de tels Capitaines.

Rome dans ſa naiſſance parvint à l'élévation, parce qu'elle eut une ſucceſſion de grands Rois

Le Portugal se fraya un chemin à la grandeur parce que ces Vice-Rois furent tous de grands citoyens. *Gama*, *Albuquerque*, *Lopes*, *Soarès*, *Castros*, *Garcia*, *de Sa*, *Ataydes*, *Thomas de Sousa*, sept grands hommes qui par un grand bonheur se succédèrent, élevèrent le Portugal au-dessus de tous les autres Etats de l'Univers.

La réputation fait tout à la guerre. Les Portugais n'eurent pas plutôt acquis celle de vainqueurs des Indes, qu'ils passèrent pour invincibles. Alors tous les petits Gouvernemens Indiens qui étoient tributaires des grands Empires, voulurent être leurs Alliés, dans l'espérance qu'ils leur feroient diminuer leur tribut, ou qu'ils leur aideroient à secouer le joug. Cette disposition des choses donna une telle supériorité au Portugal dans le Malabar, qu'ils se trouvèrent les maîtres d'une grande partie de l'Inde, sur cette réputation.

A six mille lieues de l'État principal, il falloit en imposer par ces vertus héroïques qui en affrontant les plus grands périls, font regarder la mort comme un des moindres accidens de la vie. J'en pourrois rapporter ici une foule d'exemples de cette intrépidité héroïque, que les Portugais montrèrent aux Indes. Je me bornerai à deux. Le Zamorin craignant la puissance de la flotte Portugaise, voulant faire périr le Général *Gama* qui la commandoit, résolut de s'en défaire par la perfidie & la trahison. Ce sont les armes ordinaires des ames lâches. Le Vice-Roi étant informé de ses desseins, bien loin de fuir un trépas qui paroissoit inévitable, dit à son frère, en lui cédant le bâton de commandement : *Quand vous apprendrez qu'on m'a chargé de fers, & qu'on m'a fait mourir, je vous défends, comme votre Général, de me venger.... mettez à la voile, & allez instruire le Roi de notre voyage.* Paroles mémorables, qui devroient être gravées à jamais dans l'esprit des Généraux qui sont chargés au loin d'une entreprise périlleuse.

L'armée d'Albuquerque étant prête à mourir de faim, faute de vivres, & celle des Indiens, qu'il devoit combattre, en ayant en abondance; Idulcan, son ennemi, qui la commandoit lui en offrit. L'Amiral Portugais lui répondit, *qu'il ne recevroit des présens de lui, que lorsqu'ils seroient amis.* Maintenant on ne trouve à la guerre, ni amis, ni ennemis si généreux.

Les Portugais en arrivant aux Indes se trouvoient dans cet état qui donne la victoire; ils étoient pauvres, n'ayant d'autre moyen pour établir leur puissance, que la bravoure & le courage; source de cette ardeur heroïque qui conduit à la gloire. On sait qu'Alexandre appauvrit son armée pour lui donner cette force qui naît nécessairement des besoins; & de nos jours Koulikan, en conquérant l'Indostan, ne laissa que quelques roupies à chaque soldat. La pauvreté militaire pour entretenir la bravoure & le courage des troupes est confirmée par l'histoire. Celle d'Italie nous apprend que l'abondance qui régnoit à Capoue, après la bataille de Cannes, affoiblit l'armée d'Annibal. C'est que la cupidité est une suite inévitable de l'abondance. Il faut que le soldat ait un besoin physique suffisant; tout ce qui est au-delà sert à le corrompre; ceci se fit bien remarquer aux Indes. L'armée Portugaise ne devînt pas plutôt riche, que son courage s'amollit. Ainſi ceux qui dans nos tems modernes, veulent que la milice jouiſſe de l'aiſance attachée aux autres claſſes de la ſociété n'y entendent rien. Des hommes qui doivent conſerver un corps robuſte, & des forces ſupérieures à celles des autres hommes, doivent vivre différemment du commun des hommes. Or rien ne contribue plus à maintenir cette force, que la frugalité, pourvu qu'elle ne prenne point ſur les premiers beſoins phyſiques.

Les Portugais mirent plus d'un ſiècle à conquérir des Nations qu'ils auroient pu vaincre en deux luſtres ; en ceci, ils marquèrent une grande ſageſſe & une plus grande politique. S'ils avoient conquis rapidement les Indes, toutes les nations de l'Aſie, ſe ſeroient déclarées contre eux. Et comme le déſeſpoir donne du courage aux âmes les plus foibles, & que cette arme a la guerre devient ſouvent la plus forte, ils auroient pu être détruits avant de s'être établis. Ainſi, ils faiſoient des invaſions ſans affecter de faire des conquêtes. Cependant ils s'exerçoient dans le ſilence des vertus, qui devoient être ſi fatales à l'Aſie.

Si les Eſpagnols dans la conquête de l'Amérique avoient employé la même politique, ils n'auroient pas été obligés de tout détruire, pour tout conſerver ; ils auroient dominé ſur un grand peuple, au-lieu qu'ils ne dominent que ſur de vaſtes déſerts. Ce ſont les hommes qui conſtituent la puiſſance des Rois & non point les plantes.

Voici une autre manière de vaincre des Portugais, qui fut pour eux la ſource des plus grands ſuccès, comme elle avoit été chez les Romains, celle de leur plus haute puiſſance ; ils ne faiſoient jamais la paix qu'en vainqueurs. Maximes dont les Gouvernemens militaires qui ont les armes à la main, ne devroient jamais se départir. En effet, à quoi sert de faire une paix honteuse ? Elle n'a d'autre effet que de conduire à une nouvelle guerre malheureuse. Si quelque trait caractérise la gloire de Louis XIV, c'est d'avoir résisté au milieu de ses plus grandes vicissitudes, à un traité de paix (1) qui eût deshonoré sa mémoire. Jamais ses ennemis ne pûrent faire descendre ce Prince plus bas que ses malheurs ne l'avoient mis. C'est un défaut de politique, qu'on peut reprocher à celle de nos tems modernes, où toutes les paix sont plâtrées, ce qui cause de nouvelles batailles. Ce n'est pas la guerre qui fait naître la guerre, c'est la paix.

Les Portugais employoient une troisième maxime qui n'étoit pas moins admirable que les précédentes ; c'étoit de mettre bas les armes après avoir terminé les divisions pour lesquelles ils les avoient prises. Dernière méthode qui devroit bien encore s'établir dans nos guerres modernes, où on continue de se battre indépendamment de la cause première, pour laquelle on s'est d'abord battu.

Dans la guerre pour la succession d'Espagne, où presque toutes les Puissances de l'Europe prirent part, on se battoit encore après douze batailles rangées, sans qu'on en sût précisément la raison.

On ne vouloit pas que le petit fils de Louis XIV montât sur le trône de Madrid ; mais on n'étoit pas d'accord sur celui qui devoit l'occuper à sa place.

______

(1) Voyez dans son Siècle, comme après la perte de ses armées il résista à la paix.

Cependant en attendant qu'on le sût, on se battoit toujours, & des milliers d'hommes disparoissoient de dessus la terre. A la fin celui qu'on avoit proscrit du trône y monta, & la guerre finit : étrange succès d'une querelle qui avoit mis toute l'Europe en combustion. Voici encore ici une des calamités de nos tems modernes, c'est que, lorsque les Rois finissent leurs jours sans successeurs, cinquante mille hommes meurent souvent sans postérité, par les batailles qui se donnent : ainsi, loin que l'artillerie rétablisse la branche d'une génération particulière, elle cause un vuide énorme dans la population générale.

Le mal est qu'on ne s'accorde pas toujours sur les raisons qui font qu'on se bat. On a dit que pour prévenir les malheurs, qui depuis deux siècles désolent notre monde, il faudroit établir un Conseil suprême, afin d'éviter cette longue suite de guerres qui renaissent de leurs cendres ; mais il faudroit pour cela, que les Puissances belligérantes, sussent pourquoi elles se battent. Comment un Conseil pourroit-il prononcer sur des intérêts sur lesquels les parties elles-mêmes ne s'accordent pas.

Les Portugais après la conquête des Indes & l'invasion de l'Amérique, parvinrent à une domination supérieure à celle des Romains. Il est remarquable dans les Annales, que les plus petites sociétés, ont été celles qui ont fait les plus grands établissemens. Voyez les Grecs & les Romains, c'étoit une poignée d'hommes, qui par leur petit nombre, ne devoient pas espérer de former un grand peuple ; cela paroît extraordinaire, & ce ne l'est pas. La prospérité d'un Etat dépend entièrement de sa première conſtitution. Or il eſt plus facile de donner de bonnes loix à un petit peuple qu'à un grand. Les Légiſlateurs de cette dernière ſociété , ont devant les yeux l'exemple des Gouvernemens de l'Univers entier , qui leur ſert de modèle. Ils n'ont qu'à prendre la place de ceux qui ſe ſont élevés à la grandeur, & s'éloigner du ſyſtême de ceux qui ſont tombés dans l'anéantiſſement. Ainſi un peuple peu nombreux, qui paroît ſur le théâtre du monde, eſt bientôt en état d'y jouer un premier rôle. Voilà l'hiſtoire des Portugais dans les Indes ; c'étoit un petit peuple qui fondoit un vaſte Empire, & qui pour cela même avoit l'avantage par ſa petiteſſe.

L'Angleterre doit au peu d'étendue de ſon Iſle, une domination immenſe dans le Nouveau-Monde ; c'eſt la petiteſſe de la Hollande , qui l'a conduite à la grandeur ; elle n'a échappé à l'uſurpation des Eſpagnols , que parce qu'elle étoit très-bornée. Frédéric, de nos jours, s'indignant de régner ſur un auſſi petit Royaume, l'a étendu conſidérablement.

Les Portugais étoient à peine quarante mille hommes , pour faire la conquête de l'Aſie. On a calculé qu'il n'y avoit qu'un Portugais pour cent Indiens. Comme il n'eſt jamais , je crois , arrivé qu'un peuple ait fait tant de choſes avec ſi peu de bras, on a cru trouver la cauſe de cette révolution dans un certain arrangement fortuit des cauſes ſecondes ; c'eſt toujours le nom que les hommes donnent aux évènemens qu'ils ne conçoivent pas ; car c'eſt plutôt fait pour eux de les attribuer au haſard ; cela leur épargne une infinité de réflexions qu'il faudroit qu'ils fiſſent pour en découvrir la véritable cauſe. Les Portugais conſervèrent

la même supériorité en Asie pendant près de cent cinquante ans. Or le hasard n'a pas ces sortes de cons-
tances ; il peut bien occasionner quelque évènement
imprévu ; mais c'est tout ce qu'il peut faire ; la marche
longue & méthodique, qui passe d'une génération
à l'autre, n'est pas de son ressort ; & pour regle
générale, toutes les fois que vous voyez un peuple
faire des progrès à la guerre, & que ses progrès
sont continuels & sans interruption, pendant des
générations, tenez pour certain qu'il y a une cause
première qui les dirige, & que cette cause est in-
dépendante des accidens de la fortune.

CHAPITRE IV,

*Cause des progrès rapides des Portugais dans les
Indes, celle de leur décadence, de leur corruption.*

Pour expliquer cette énergie des Portugais,
qui dans les premiers tems, les distingua de toutes
les Nations de l'Europe, il ne faut pas avoir recours à la fable, qui dans l'âge de ses enchan-
temens, fit sortir de la terre des hommes exter-
minateurs, qui soumirent les Peuples & les Nations à ses loix. Cette supériorité à la guerre avoit
un principe. Avant de passer les mers pour découvrir un Nouveau-Monde, il y avoit plus d'un
siècle que les Portugais poursuivoient les Maures
en Afrique, où ils les battoient continuellement
dans leurs derniers retranchemens. Or lorsqu'un
peuple en bat un autre depuis si long-tems, il doit

nécessairement lui être supérieur dans les armes, & de cette supériorité, à une autre à qui il déclare la guerre dans un autre Continent, il n'y a d'autre différence que celle du climat, que la bravoure & le courage corrigent toujours.

Peut-être que l'inſtitution de la Chevalerie, qui s'établit alors en Portugal, l'une de celles qui a le plus honoré la nature humaine, parce qu'elle la porte à cette gloire pure, dépouillée de tout intérêt perſonnel, qui eſt la ſeule qui mérite d'en porter le nom, lui donna cette énergie qui conduit aux grandes choſes, par la ſeule ſatisfaction qu'une belle ame trouve à les faire. Si la Chevalerie avoit fait naître des vertus en Angleterre & en Allemagne, où le phyſique ne diſpoſe pas le cœur à l'héroïſme : quel avantage ne devroit-elle pas avoir ſous un ciel heureux qui porte à l'enthouſiaſme du grand ? Il ſuffit ſouvent d'une ſeule inſtitution pour changer le caractère des hommes.

Cependant comme tout dégénère par cette corruption inévitable qui ſe trouve dans le cœur humain, l'ardeur, la bravoure, & le courage des Portugais, s'affoiblirent.

Il étoit impoſſible que la domination d'un Empire rempli de tréſors, ne prît ſur leur caractère. Ce peuple changea lorſqu'il s'accoutuma à prendre la richeſſe pour une vertu, & regarder la pauvreté comme un vice. Il ne fut plus le même lorſque le deſir d'acquérir & d'amaſſer lui eut gâté le cœur, & que le climat d'Aſie lui eut affoibli le corps.

Néanmoins les Portugais auroient conſervé l'Empire des Indes, parce qu'ils y dominoient ſeuls ; mais trois autres Nations induſtrieuſes de

l'Europe

l'Europe ayant voulu le partager avec eux, ils se trouvèrent trop foibles pour leur résister. Elles s'emparèrent du commerce d'Asie, dont Lisbonne ne le fit plus que comme accessoire.

Mais ce qui affoiblit plus la puissance des Portugais dans les Indes, c'est qu'ils ne purent jamais se naturaliser avec les peuples du pays, dont les mœurs, les manières & les usages étoient incompatibles avec les leurs. Après un siècle & demi, ils étoient encore étrangers dans une terre où ils dominoient; ce qui porta les Indiens à chercher à s'en défaire. Pour que deux Nations qui sont nées à une distance immense l'une de l'autre, s'unissent, il faut que les coutumes, les usages, & s'il se peut, le culte s'incorporent, de manière que les deux peuples n'en fassent qu'un. C'est ce qu'ont fait les Tartares qui ont conquis la Chine; ils ont pris les rites & les cérémonies des Chinois: cette union durera, parce qu'elle est cimentée par les deux liens les plus forts, la religion & les mœurs. On sait qu'Alexandre, qui ne vouloit faire qu'un peuple des Perses & des Grecs, se conforma à leurs manières; il épousa des femmes de leur Nation, & voulut que ses Courtisans contractassent de semblables mariages : union encore plus forte que celle des usages.

Après que les mœurs des Portugais eurent dégénéré, ils pouvoient encore se maintenir dans les Indes, parce que les vertus militaires lui restoient; mais lorsque la corruption se mit dans la milice, tout fut perdu, parce que le mal étoit dans le remède. L'armée ne combattit plus pour une certaine chose, mais pour une certaine personne; ils

C

faifoient la guerre pour le Général Portugais, qui dominoit en Afie, & non pas pour le Roi de Portugal qui régnoit en Europe. C'eft ce qui doit arriver à tout Souverain qui enverra une armée au loin pour combattre l'ennemi, qui dès-lors ne fera plus fon armée, mais celle du Général qui la commande.

Le relâchement des mœurs ayant paffé en Europe, la Cour de Lisbonne n'envoya plus en Afie qu'une milice remplie de vices, noyée dans la débauche, ce qui acheva de tout perdre.

Tellé avoit été la difcipline des premiers Portugais aux Indes, qu'on avoit vu des Généraux punir de mort les foldats qui avoient quitté leur pofte, abandonné leurs armes dans le combat, ou fui devant l'ennemi ; mais lorfqu'on eut aflocié aux foldats vétérans une milice lâche, fans ardeur ni courage, il n'y eut plus d'armée.

Il y eut cependant des intervalles où l'on vit reparoître l'ancienne difcipline militaire. Ataïde en arrivant aux Indes, trouva que l'armée étoit affoiblie, il la rétablit, en rendant aux foldats cet héroïfme & cette valeur, qui s'étoient éteintes. On trouve dans les qualités de ce grand homme la caufe de fes fuccès. Avec un Général qui avoit les vertus des premiers Portugais, il fe forma une armée telle que les premières armées Portugaifes ; mais le vice n'étoit point détruit. Un Général qui aime la gloire, peut bien pour quelque tems retenir une foldatefque effrénée ; mais lorfque l'habitude eft une fois formée, les mœurs établies reprennent l'empire, & la corruption refte.

Une des caufes qui fit que l'art militaire ne fe

rétablit point en Afie, qui le diroit ! c'eft que le Portugal n'avoit point de guerres civiles en Europe, les feules qui puiffent former ce courage national, qui s'étend dans toutes les claffes, & qui eft la fource de l'héroïfme militaire ; c'eft que dans les guerres civiles, ceux qui ont du talent pour les armes, fe mettent à leur place, au lieu que dans les autres guerres, où l'on eft placé, on l'eft prefque toujours tout de travers. Chacun fe fait foldat, parce que chacun a un intérêt perfonnel de défendre fes droits. Il n'en eft pas de même dans les guerres pour les intérêts des Princes, où l'on fe bat pour le Roi, & non pas pour foi.

Sans les guerres civiles de Rome, Marius, Sylla, Pompée, Antoine, Céfar lui-même, n'auroient été que des citoyens obfcurs dont les vertus héroïques n'euffent point étonné l'univers.

Et pour paffer encore ici à nos tems modernes, la France foible & languiffante, après une longue fuite de viciffitudes, ne redevint redoutable à l'Europe qu'après qu'elle eut effayé fes forces avec elle-même.

L'Angleterre ne montra ce qu'elle étoit qu'après les guerres civiles des longs Parlemens fous l'ufurpation de Cromvel.

Il a fallu que les Allemands fe battiffent long-tems entr'eux avant de fe mettre en état de battre les Turcs.

Les guerres civiles d'Efpagne ont rendu les Catalans auffi courageux qu'un peuple foumis puiffe l'être.

Et pour joindre à tous ces exemples celui qui vient de fe paffer fous nos yeux, la guerre civile

de l'Amérique septentrionale a fait une armée de
soldats, d'un peuple composé auparavant de cultivateurs.

Un Auteur moderne s'est plu à nous donner le
tableau de la corruption des Portugais dans les
Indes. C'est un monument précieux dans l'histoire
des mœurs.

» Le Roi de Tibet, rapporte cet Ecrivain, fut
» enlevé dans son palais, & assassiné avec ses en-
» fans qu'il avoit confiés aux Portugais.

» A Céilan les peuples ne cultivoient plus les
» terres, que pour ces nouveaux maîtres qui les
» traitoient avec barbarie.

» *Taria*, envoyé contre les Corsaires Chinois,
» alla piller le tombeau des Empereurs dans l'Isle
» de Calampui.

» Gousa faisoit renverser toutes les pagodes sur
» les côtes de Malabar, & on égorgeoit inhumai-
» nement tous les malheureux qui alloient pleurer
» sur les ruines de leurs temples.

» Cortès, terminant une guerre vive avec le Roi
» de Pégu, & les deux partis devant jurer l'observa-
» tion des Traités sur les livres de leur Religion,
» Cortès jura sur un recueil de chansons, & crut
» éluder un engagement par ce vil stratagême.

» *Nugues d'Acugna* voulut se rendre maître de
» Daman sur la côte de Cambaye : ces habitans
» offrirent de la lui abandonner, s'il leur permet-
» toit d'emporter leurs richesses. Cette grace fut
» refusée, & Nugues les fit tous passer au fil de
» l'épée.

» *Diégo de Siveira* croisoit dans la mer Rouge.
» Un vaisseau richement chargé le salua. Le Capi-

» taine vint à son bord , & lui présenta de la part
» du Général Portugais une lettre qui devoit lui
» servir de passe port. Cette lettre ne contenoit que
» ces mots : *Je supplie les Capitaines des vaisseaux*
» *du Roi de Portugal , de s'emparer du navire de*
» *ce Maure comme de bonne prise.*

» Il régnoit dans leurs mœurs un mélange de
» débauche , d'avarice , de cruauté & de dévotion.
» La plupart des Portugais avoient sept à huit
» concubines qu'ils faisoient travailler avec la der-
» nière rigueur , & auxquelles ils arrachoient l'ar-
» gent qu'elles avoient gagné par leur travail.

Il est triste de voir tant de vices à la fois chez
une nation qui avoit montré autrefois tant de
vertus avec lesquelles elle avoit soumis à ses loix
plus de la moitié de l'univers.

Voici une seconde fois l'histoire des Portugais.
Tandis que les maximes avec lesquelles ils avoient
dominé dans les trois parties du monde , subsistè-
rent dans toute leur force ; que la bravoure & le
courage se maintinrent dans les troupes , & que
l'art militaire ne perdit rien de son ancienne vigueur , le Portugal se maintint dans sa première
splendeur ; mais lorsque les soldats furent corrom-
pus , que cette corruption passa aux Capitaines , &
que les Capitaines la communiquèrent à l'Etat
principal ; alors la bonté des premières maximes,
ne put plus réparer ce que des mœurs affreuses , ce
qu'une débauche effrénée , ce qu'une anarchie générale, ce qu'une monarchie abattue , ce qu'un des-
potisme absolu , ce qu'un peuple superstitieux , ce
qu'une Cour bigote avoit renversé.

On eût dit que le Portugal n'avoit conquis la

plus grande partie du globe que pour le livrer sans défense au premier peuple qui voudroit s'en emparer.

Avant de quitter cette partie du globe qui fut le théâtre des plus grandes révolutions, je ferai une réflexion générale sur la guerre, qui est l'endroit le plus intéressant de notre histoire.

Le monde éprouvoit alors une crise universelle. Les quatre parties de la terre étoient aux prises. Les Portugais s'étoient emparés d'une grande partie de l'Asie ; l'Espagne envahissoit l'Amérique ; l'Afrique essuyoit continuellement des guerres intestines ; toutes les Puissances de l'Europe étoient armées les unes contre les autres ; on se battoit dans toutes le parties de la terre, sans se faire quartier dans aucune. Cette maladie qui étoit comme une suite des âges barbares, a passé jusques à nous dans toute sa fureur, nous qui avons perfectionné la raison humaine, nous qui sommes éclairés du flambeau de la philosophie, nous qui avons approfondi toutes les sciences, nous qui avons multiplié les Arts, nous qui avons rétabli l'ordre dans toutes les branches de l'Administration politique ; enfin nous qui avons fait des loix pour arrêter tous les vices de l'Etat civil, nous n'en avons point fait pour prévenir les maux attachés aux Gouvernemens politiques. On a dit : *la guerre est un mal nécessaire*, & tout a été dit.

La guerre par une fatalité attachée à chaque société politique, fut de tous les âges ; mais l'art militaire ne fut pas de tous les tems ; il fallut bien des siècles, bien d'étude, bien des connoissances & du savoir pour apprendre aux hommes à se tuer. Les Grecs & les Romains furent les premiers qui se distinguèrent dans cet art, qui leur valut l'Empire du monde, par l'endroit même qui servoit à le détruire.

Ces derniers sur-tout en firent leur unique étude. Il faut voir dans la grandeur & la décadence des Romains de Montesquieu, ce que Rome fit pour s'élever par les armes au dessus de toutes les autres Nations du monde. Son école militaire est un monument qui prouve combien nous lui sommes inférieurs dans l'art de la guerre.

La légion ayant contribué à lui donner l'avantage dans les batailles, ils la regardèrent comme une divinité particulière qui présidoit à leur grandeur.

Des Guerriers destinés par état à se battre & à dominer sur toutes les Nations militaires du monde, devoient avoir des armes offensives & défensives plus fortes que celles des autres peuples. Mais pour qu'ils eussent des armes supérieures à celles des autres hommes, il falloit qu'ils se rendissent plus qu'hommes ; c'est ce qu'ils firent par un travail qui augmentoit leurs forces, & ce travail étoit continuel comme les guerres sur lesquelles il étoit fondé.

Mais la quantité des arts & des exercices militaires, n'étoit rien en comparaison de la quantité d'individus que la constitution destinoit à la guerre. On sait que le nombre des soldats au reste de citoyens, étoit dans la proportion d'un à huit, au-lieu qu'aujourd'hui, elle est dans celle d'un à cent. On voit par-là, que quoique nous ayons plus de guerres que les Romains, nous sommes moins militaires qu'eux.

Mais les Barbares, qui envahirent l'Empire Romain, ayant tout détruit, jufques aux inftrumens
qui avoient fervi à leur grandeur, il n'y eut plus
d'art militaire en Europe. Il fallut en établir un
lorfque les Sociétés plus civilifées voulurent rétablir le droit des gens, des nations. On fe battit
d'abord à pied, enfuite on monta à cheval (1).
La molleffe, plus que le courage, unit deux
êtres que la nature n'avoit pas faits pour être em-
femble à la guerre. Le cheval eft timide, har-
gneux, bruyant, plus propre à caufer du défordre
dans une armée qu'à y établir la tranquillité néceffaire pour écouter le commandement qui fait
gagner les batailles.

Les armées en Europe furent divifées en deux
corps militaires qu'on diftingua par les noms de
cavalerie & d'infanterie. La Nobleffe s'incorpora
dans celle-là, & les hommes d'une condition ordinaire, s'engagèrent dans celle-ci. Chacun de ces
corps avoit une maniere de combattre qui lui étoit
perfonnelle. Lorfqu'il s'agiffoit de courir fur l'ennemi, de l'emporter par une marche précipitée,
la cavalerie avoit l'avantage ; quand il s'agiffoit de
payer de fa perfonne, par le courage & la fermeté, l'infanterie prenoit le deffus ; infenfiblement
l'un de ces corps prévalut fur l'autre. Dans le
treizième & quatorzième fiècle, il n'y eut que de
la cavalerie, c'eft-à-dire, plus d'armée que celle
qui fervoit à la parade, au fafte, ou au luxe des
armes.

---

(1) Les Romains en avoient ufé ainfi dans leur art militaire ;
mais c'étoit fur d'autres principes.

L'art militaire, qui confiste plus dans l'exercice du corps que dans le maniement d'un cheval, fe perdit. Dès-lors il fut moins queftion à la guerre d'être vainqueur, que de fe rendre invincible. Tous les châteaux étoient flanqués de grandes tours, & entourés de larges foffés que les chevaux ne pouvoient pas franchir. C'étoient les fortereffes de ces tems-là.

Les François & les Anglois, qui étoient continuellement armés les uns contre les autres, ne faifoient que fe préfenter en rafe campagne, & après s'être long-tems battus, fe retiroient, fans qu'il y eût du fang répandu. Heureux tems où l'on fe faifoit la guerre fans fe tuer, & où l'art militaire, par fon imperfection, confervoit la vie de ceux qui l'exerçoient.

Alors on employoit des années entières pour établir un camp, qui n'étoit pas plutôt formé, qu'il falloit le lever.

Les Rois n'avoient point de troupes à leur folde; lorfqu'ils avoient la guerre, ils en achetoient pour fe battre, & lorfqu'ils ne fe battoient plus, ils les renvoyoient pour ne pas continuer à les payer.

Les vaffaux qui pouvoient refufer à leurs Seigneurs de fe rendre fous leurs bannières à la guerre, à certains tems de l'année, retardoient confidérablement les opérations militaires, ce qui étoit autant de gagné pour la vie des hommes. En vérité, les règnes qu'on appelloit alors barbares, faifoient peut-être par cruauté ce que les meilleurs Gouvernemens n'ont pas fait depuis par humanité. On s'eft beaucoup récrié contre la tyrannie du Gouvernement féodal. Je crois bien qu'il étoit barbare à beaucoup d'égards, mais il avoit des endroits qui caractérifoient une forte d'humanité qui ne fe trouve plus fur la terre. Quand les fiefs n'auroient fait que diminuer le nombre des morts à la guerre, ils auroient rendu le plus grand fervice, que jamais la politique ait pu rendre au genre humain. Au-lieu que nos favans Gouvernemens militaires modernes, lui ont fait une plaie qui faignera jufques à la confommation des fiècles.

Peut-être qu'à la fin une paix univerfelle les guérira de cette maladie qui les porte à fe tuer pour des intérêts qui ne changent ni leur fort, ni celui des Rois pour qui ils fe tuent ; mais il arriva un évènement qui changea l'ordre des chofes. Charles VII, après avoir chaffé les Anglois de la France avec des troupes mercenaires qu'il avoit louées ponr faire la guerre, & qu'il devoit congédier à la paix, conferva neuf mille hommes de cavalerie, & feize mille d'infanterie, qu'il paya de fes deniers, c'eft-à-dire de ceux de fes fujets ; car il y avoit déjà une caiffe publique ou tréfor dont le Roi avoit la clef. Tous les autres Souverains de l'Europe fuivirent fon exemple ; chacun voulut avoir des troupes à demeure, pour faire ce qu'on appelle le fervice. Il n'eft pas trop aifé de dire ce que c'étoit que ce fervice, fur-tout dans un tems où les Rois n'avoient pas encore imaginé d'avoir auprès de leur perfonne une armée inutile pour les garder, & de nombreufes garnifons dans les villes, où les troupes fe rendent feulement pour changer d'air ; d'ailleurs on ne montoit point la garde comme de nos jours, où on voit une parade qui fert plus au fpectacle du fervice, qu'il n'eft lui-même le fervice.

Peut-être que cette milice à demeure dans chaque
Gouvernement, n'eût point augmenté au-delà de
la proportion relative qui fait la sûreté de chaque
Etat ; mais Louis XIV la précipita en élevant dans
nos tems modernes, une armée de cinq cens mille
hommes : ce qui fut le signal de la plus grande
révolution qui soit jamais arrivée dans notre monde.
Dès-lors toutes les Sociétés politiques devinrent
militaires par état. Des petits Princes que la fortune avoit placés à une distance immense des premiers Etats, devinrent de grandes Puissances. La
balance de l'Europe qui depuis deux cens ans, s'é-
toit maintenue dans une sorte d'équilibre, n'eut
plus d'état fixe ; le Souverain qui eut le plus de
soldats, la fit pencher de son côté. On vit se former en tems de paix une profession dans tous les
Etats, qui anciennement ne se formoit qu'en tems
de guerre. Quoi qu'il en soit, nous devons à ce
premier détachement de troupes de Charles VII,
Roi de France, les douze cens mille hommes qui
promènent aujourd'hui l'Europe le fusil sur l'épaule.
Le lecteur sait le reste.

CHAPITRE V.

Du commerce de Portugal dans les Indes ; des avantages qu'il en retira d'abord, ses révolutions ; la perte de ses établissemens ; suivie de quelques réflexions sur le commerce en général.

LE Portugal éleva sa puissance dans les Indes par son commerce, & ensuite son commerce par sa puissance. C'est par la navigation qu'il acquit cet empire des mers, qui lui valut celui du monde commerçant. Ses Vice-Rois firent d'abord des traités de commerce avec les Princes d'Asie, qui lui donnèrent de grandes richesses. C'est qu'ils avoient sur eux les avantages que des Européens éclairés devoient avoir sur des Souverains Asiatiques, ignorans dans le commerce & les arts.

Cette Nation devint la maitresse de l'Océan à l'exclusion de toutes les autres du monde. Il est vrai qu'elle permit à quelques peuples Européens de partager avec elle le commerce des Indes ; mais cela prouve qu'elle dominoit seule : ce fut même à des conditions onéreuses pour ceux qui voulurent l'entreprendre. Les étrangers qui venoient acheter des marchandises dans les Indes devoient attendre que les Portugais en fussent pourvus, avant qu'il leur fût permis de s'en pourvoir, ce qui leur donnoit un grand avantage ; car outre qu'ils les achetoient à meilleur marché, ils les avoient d'une meilleure qualité : ils avoient pour maxime de n'accorder cette permission qu'à des nations pauvres, qui n'étoient pas en état de faire un grand commerce, ce qui contribuoit à augmenter le leur.

On peut dire que les Portugais poſſédoient les principaux élémens du commerce. Les fonds de terre ne ſont pas commerçables ; pour qu'ils le fuſſent, il faudroit qu'ils puſſent ſe tranſplanter d'un lieu à un autre, afin que celui qui les acquiert pût en jouir comme il voudroit, & de la manière qu'il voudroit. Or les terres ne ſont pas d'une nature à être déplacées ; elles peuvent bien changer de maître, mais non pas de pays ; elles appartiennent toujours à l'Etat qui les poſſède : c'eſt ſa richeſſe locale. Les ſeuls effets qui entrent dans le commerce, & qui par leur nature ſont commerçables, ſont les vaiſſeaux, les marchandiſes, les productions, les denrées, les arts, les métiers, les manufactures, l'or & l'argent, les contrats, les lettres-de-change, les billets, & généralement tous les effets qui repréſentent une vàleur quelconque. Or le Portugal avoit lui ſeul plus de ces effets commerçables, que tous les autres Etats de l'Europe enſemble. Le nombre de ſes vaiſſeaux étoit conſidérable, eu égard à celui des autres nations. Comme il vendoit des marchandiſes à toutes, il avoit des lettres-de-change pour tous les pays ; il jouiſſoit d'une plus grande ſomme d'or & d'argent, ce qui contribuoit à lui en faire gagner davantage.

Il n'eſt pas donné à l'eſprit de calcul de ſupputer les richeſſes du Portugal, lorſque ſon commerce fut dans ſon état floriſſant.

Une Puiſſance qui s'eſt formée par le commerce, peut reſter long-tems dans la médiocrité, parce qu'elle ne fait aucune action d'éclat qui la fasse remarquer ; mais aussi-tôt qu'elle se distingue par les richesses, tout le monde cherche à lui ôter une supériorité qu'elle a acquise furtivement & comme à l'insçu des autres nations ; car la navigation & le commerce sont deux champs dans lesquels tous les peuples ont le droit de moissonner.

Les Puissances commerçantes ne purent voir sans une espèce de chagrin, que le plus petit Royaume de l'Europe fût devenu l'Etat le plus commerçant du monde. L'envie est le vice des Sociétés marchandes ; c'est l'effet ordinaire des richesses. On ne s'avise guère de convoiter le sort d'un peuple qui ne tire que de petits avantages de son commerce ; sa pauvreté le met à couvert de l'envie.

La Hollande, l'Angleterre & la France qui mesurèrent tour-à-tour leurs forces avec celles du Portugal dans les Indes, renversèrent dans peu de tems les établissemens des Portugais dans cette partie du monde qui lui avoit coûté des soins, des peines & des travaux infinis ; c'est ainsi que les Etats industrieux dégénèrent, & que ceux qui ont acquis la puissance par les Arts s'affoiblissent souvent par les mêmes Arts qui les ont élevés à la grandeur.

Je supplie qu'on me permette de faire quelques réflexions sur le commerce général, d'autant plus que tous ceux qui jusques-ici ont écrit sur celui-ci, semblent s'être donnés le mot pour s'égarer dans le labyrinthe des Arts. On a dit, le commerce rend les Etats puissans, & tout a été fini

Et je suis bien aise d'approfondir un peu ceci, afin qu'on se forme des idées plus justes sur une des premières branches de l'administration, que la prévention de nos tems modernes a entièrement défigurée.

Il eſt étonnant que nous qui avons pris des anciens tout ce qui concerne le Gouvernement politique, nous ayons négligé la partie de l'Etat moral qui doit lui ſervir de baſe ; c'eſt-à-dire, celle qui met des bornes à nos deſirs, qui empêche nos mœurs de ſe corrompre. Les richeſſes étant le grand foyer des paſſions, ils cherchèrent, par tous les moyens poſſibles, d'en prévenir les effets. Peut-être que la politique y eut autant de part que la morale. Ils voulurent par-là mettre plus de proportion dans les fortunes des particuliers, que le commerce détruit, & dont l'inégalité tend à renverſer l'Empire, ou à empêcher la trop grande extenſion d'une profeſſion lucrative, dont l'effet ordinaire eſt d'en diminuer d'autres plus utiles à la République. Quoi qu'il en ſoit, rien de plus éloigné là-deſſus que les idées des anciens comparées aux nôtres.

Chez les premiers Grecs, toutes les profeſſions qui tendoient à gagner de l'argent étoient regardées comme indignes d'un homme libre. Ariſtote va plus loin : il prétend, dans ſa Politique, que tout homme qui fait un commerce pour s'enrichir, ne doit pas être mis au rang des citoyens. Platon franchit le mot : il veut que tous ceux qui font le commerce ſoient punis comme criminels de leze-République. Une telle ordonnance paſſeroit aujourd'hui pour une violation du droit public.

Plutarque rapporte que les Epidamniens voyant que les mœurs dégénéroient par le commerce que faiſoient les particuliers, élurent des Magiſtrats

pour faire tous les marchés au nom de la Cité &
pour la Cité : moyen admirable pour prévenir la
corruption du commerce, fans fe priver des avantages qu'il procure.

Lorfqu'on remonte à l'origine des peuples qui
firent l'admiration de l'univers, tant par leur fageffe que par l'étendue de leurs vues, on trouve
que l'art d'acheter & de vendre n'entra point dans
la fcience de leur Gouvernement. Les Romains,
qui fe dirigèrent fur de grands principes, ne voulurent pas d'une puiffance qui tenoit à des chofes
d'accident, comme les Arts, l'induftrie, le luxe,
qui dépendent du caprice des hommes, qui ne font
jamais conftans dans leurs vertus comme dans leurs
vices. Et bien en valut à ce grand peuple ; car fi
l'efprit du commerce, avec toutes les paffions baffes
d'avarice & d'intérêt qui y font attachées, s'étoient
emparées de leur ame, ils n'euffent jamais fait
la conquête du monde. La pauvreté & la frugalité qui en eft une fuite néceffaire, les fervit bien
mieux que cette opulence qui mène à l'aifance & à la volupté ; ce fut comme Nation ri-
vale & non comme Nation commerçante, que
Rome détruifit Carthage. L'amour de la gloire dominoit fi fort dans la République, qu'un Citoyen
fe fût cru deshonoré, s'il avoit acheté une chofe
dans l'intention de la vendre à un autre pour y
faire quelque profit. Cette baffeffe n'entra jamais
dans l'ame d'un Romain. Les détails du commerce,
fes détours, cette fineffe, cette mauvaife foi qui
lui eft comme naturelle, & que l'intérêt lui fait
regarder comme légitime, n'étoient point dans
fon génie. D'ailleurs, fon éducation militaire,

fon

ſon penchant à la guerre, ſes exercices, ſes travaux, l'éloignoient d'une profeſſion qui ſe borne
à des calculs pour accumuler des richeſſes.

Nous avons vu le même éloignement pour cette
profeſſion, dans des âges modernes. Du tems de
la chevalerie, un Chevalier ſe ſeroit plutôt battu
contre un Marchand, que de diſputer ſur le prix
de ſa marchandiſe. Dans ce ſiècle déſintéreſſé, on
ne faiſoit point de billet ſur quelque engagement
que ce fut ; l'honneur ſuppléoit à tous les contrats.

Les ſauvages qui ne ſuivent point d'autre loi
que celle de la nature, ſans contredit la meilleure
de toutes, ne font aucun commerce entre eux.
Ils furent fort étonnés à la découverte du Nouveau-
Monde, de voir les Européens venir de ſi loin,
& courir de ſi grands riſques pour faire un trafic
qu'ils mépriſoient eux-mêmes.

C'eſt du commerce qui donne les richeſſes,
que tirent leur ſource, le faſte & la profuſion d'où
naît le luxe qui de l'aveu même de ceux qui le
défendent, a ruiné les Républiques & cauſé mille
maux dans les Monarchies ; & c'eſt dans cet eſprit que Cicéron diſoit, je n'aime point un peuple
qui ſoit en même tems le dominateur & le facteur
de l'Univers.

Un Auteur moderne remarque, que les Nations
qui ſont beaucoup affectées du commerce, trafiquent
de toutes les actions humaines, & de toutes les vertus
morales. L'Abbé Raynal qui ſemble n'avoir fait
dix gros volumes, que pour donner de la conſi-
dération au commerce (1), en remontant à ſes

---

(1) Hiſtoire politique des Indes, tom. VII, pag. 340.

D

principes & aux caufes premières qui le font agir,
eft obligé de le dégrader; *Si l'intérêt*, dit-il, *eft
le vice rongeur des profeffions, que ne doit-ce pas
être de celles qui les enfantent toutes. Le commerce
les dévore lui-même. La paffion de l'argent répand en
lui une avarice qui retrécit jufques aux moyens d'en ufer.*

On dira fans doute ici ce qu'on a toujours dit,
que le monde fe conduit maintenant par des loix
tout oppofées à celles des anciens; mais fi les maximes font différentes, les hommes font toujours les
mêmes. Il n'eft pas au pouvoir des réglemens politiques ou civils, de changer le cœur humain; il eft
aujourd'hui ce qu'il étoit dans les premiers âges du
monde, & fera ce qu'il eft aujourd'hui dans les
fiècles les plus reculés. Si on pouvoit douter de
cette vérité, il n'y auroit qu'à lire Juvenal; on
y verra que les profeffions qu'on craignoit alors
comme portant des germes de corruption, font
celles qui corrompent de nos jours. Examinez ceux
qui parmi nous s'adonnent au commerce, fur-tout
à celui de détail, qui eft le plus général; continuellement l'avarice dans le cœur, toujours le
menfonge dans la bouche; devant convaincre &
perfuader ceux de qui ils achètent, tenter & fé-
duire ceux à qui ils vendent. Or tout cela ne peut
fe faire fans détour, fans fineffes, fans fubtilités;
or de cette duplicité à celle de la corruption, il
n'y a fouvent d'autre intervalle, que le tems qu'il
faut à l'un pour donner de l'argent, & à l'autre
pour le recevoir : fans doute que cette règle a fes
exceptions; mais c'eft la règle, parce que ce qui
corrompt un homme, corrompt les hommes.

Mais ces grandes maximes arrivent trop tard;

elles font à pure perte pour notre monde. Il faudroit bien des affaires pour faire entendre à ceux
qui dirigenr l'Empire, que les anciens avoient des
lumières fupérieures aux nôtres dans cette branche
du Gouvernement ; furtout depuis qu'on a gravé
en letttes d'or, fur le trône des Rois, *commerce,
fource de la puiffance.* Il ne refte aujourd'hui d'autre
reffource aux Gouvernemens, que d'empêcher le
trouble & la confufion dans cette branche de l'Adminiftration, diftinguer les claffes des citoyens
qui doivent s'adonner au commerce, encourager
les unes, en éloigner les autres ; furtout ne pas
s'étourdir fur des mots. Il y a des chofes que l'on
répète tous les jours, parce qu'elles ont été dites
une fois : *la liberté du commerce.* Il y a tant de
confidérations particulières à faire fur celle-ci, que
c'eft toujours une inconfidération, que de la réduire à une idée générale.

Cette efpece de fièvre qui eft venue d'Angleterre, attaquer toutes les Nations, a fes accès &
fes redoublemens; car auffi-tôt que quelque Gouvernement augmente quelque branche de fon commerce, foudain les autres multiplient les leurs;
& comme la confommation générale ne fuit pas
la proportion de ces nouveaux établiffemens, c'eft
plutôt une enflure dans le commerce qu'une
augmentatiou de commerce.

Je crois bien que la liberté qui eft la mère des
Arts, contribue à leur donner cette émulation qui
fert à maintenir l'induftrie dans cette vigueur qui
facilite les opérations du commerce ; mais il faudroit une fois pour toutes s'accorder fur le mot
de liberté, & l'étendue qu'on doit lui donner re-

lativement à chaque Etat particulier, fans quoi on confondra toutes les idées fur le commerce, & avec elles l'ordre des chofes fur lequel il eft fondé.

Cette liberté doit être tellement propre à l'Etat pour lequel on l'établit, que c'eft un très grand hafard, fi elle peut convenir à un autre; il faut qu'elle s'accorde à fa conftitution fondamentale, l'étendue du domaine, avec le phyfique glacé, brûlant ou tempéré du pays; elle doit être analogue à la qualité du terrein, à fes denrées, à fes productions, à fes différens genres, aux loix, aux coutumes, aux ufages, aux mœurs, & aux manières des habitans, à leur religion, à leurs richeffes, à leur nombre; car toutes ces diftinctions entrent dans le degré de liberté, que chaque Nation doit avoir pour faire fleurir fon commerce relatif, qui eft l'unique qui convient à chaque Etat, parce que c'eft le feul qui lui foit avantageux. Or y a-t-il eu jufques ici aucune Nation, aucun Gouvernement, aucun Miniftre, aucun Ecrivain, qui l'ait confidérée fous ce point de vue?

A quoi ferviroit, par exemple, au Gouvernement Ruffe, d'établir une grande liberté de commerce? Cette liberté exercée dans la même étendue qu'elle eft dans les Etats libres, n'auroit d'autre effet, que de détruire le peu de commerce qui y eft établi. Voyez combien de chofes il faudroit à ce peuple, pour qu'elle pût contribuer au bien de l'Etat! 1°. lui ôter les chaînes de la fervitude, 2°. l'accoutumer à penfer qu'il eft libre; 3°. tourner fon génie du côté de l'induftrie; 4°. lui donner du goût pour les Arts; 5°. lui infpirer l'amour des richeffes; 6°. enfin l'inftruire dans la fcience du commerce ; fans quoi la liberté du commerce ne fervira qu'à le rendre plus efclave.

Si les Turcs vouloient rendre le leur libre, bientôt ils n'en auroient plus ; j'en fais bien la raifon, c'eft que les Turcs font efclaves, & qu'il faudroit leur donner une autre conftitution pour établir chez eux l'indépendance des Arts.

Cette liberté, encore une fois, dépend de la fituation de chaque Etat, furtout de la nature & du principe du Gouvernement où on veut l'établir.

En Hollande, où les habitans n'ont ni de quoi fe nourrir, ni de quoi s'habiller, où le phyfique refufe tout, où la nature ne fe prête à rien, où la navigation & l'induftrie peuvent feules réparer les mauvaifes influences du climat, il feroit inutile de faire des loix fur cette indépendance, puifque chaque citoyen n'ayant d'autre état que celui d'être commerçant, eft forcé, pour ainfi dire, de jouir de la liberté du commerce.

L'Angleterre qui eft dans le même cas, eft à-peu-près obligée de fuivre la même loi. Un Gouvernement qui a un petit domaine, & une grande ambition ; un Gouvernement qui n'a que fa navigation, pour s'élever au niveau des premières Puiffances ; en un mot, un peuple qui habite une île où tout eft rivage, qui peut envoyer des vaiffeaux par tout, & en recevoir de toutes parts, ne peut être que commerçant ; on auroit beau y gêner le commerce, la liberté y renaîtroit toujours de fes cendres.

Mais il n'en va pas ainfi d'une grande Monarchie, riche & abondante, qui poffède un vafte domaine, rempli de productions, qui a abondamment ce qu'il lui faut pour pourvoir à sa subsistance & à son luxe relatif. Une Monarchie dont toutes les classes peuvent vivre du produit de ses terres & de ses Arts, qui peut se passer de ses voisins, & de laquelle ses voisins ne peuvent se passer, qui a d'ailleurs de grands moyens, & une plus grande puissance, qui peut faire par ses armes ce que les Etats industrieux ne peuvent pas toujours faire par les Arts.

Cette monarchie peut sans doute faire des loix sur la liberté du commerce, mais elles ne doivent pas avoir la même extension que dans les Etats qui ne peuvent pas s'en passer.

Voici d'autres réflexions. Un vaste Empire doit disposer ses sujets d'une manière différente d'un petit Etat, qui n'a qu'un seul moyen pour se soutenir : il a besoin d'un plus grand nombre de laboureurs, de colons, de ménagers, de soldats, de navigateurs, d'artistes, qui diminuent dans la proportion de l'étendue qu'on donne au commerce. Or ce n'est que dans le balancement des Arts, des métiers & professions, qu'une Monarchie peut se soutenir dans un état de force & de grandeur relative aux autres Puissances. Je ne dis point ici des choses vagues, ce que j'avance à ce sujet peut se démontrer.

Mais la liberté qui gêne le plus le commerce, est celle qui permet à un Etat de se ruiner sans que le Gouvernement politique paroisse prendre part à sa ruine. On en laisse souvent les branches les plus importantes à des hommes plus occupés de leur fortune que de celle de l'Etat, & qui se voient toujours avant la République. Mais, dira-t-on, ſes richeſſes particulières ne reviennent-elles pas aux richeſſes générales ? Non : elles peuvent même quelquefois l'appauvrir ; c'eſt ſelon que le commerce univerſel eſt plus ou moins bien dirigé. Je pourrois en rapporter une foule d'exemples : je me bornerai à un petit nombre.

La Pologne n'a quaſi point de métaux, ni preſqu'aucun des autres effets mobiliers qui ſervent au commerce. Son Etat économique ne lui donne que du bled. Comme les terres y ſont très-inégalement partagées, & que des Grands y poſſèdent des Provinces entières, ils épuiſent les champs par un travail immodéré des laboureurs, pour qu'ils puiſſent produire une grande quantité de grains, qu'ils échangent avec les Nations induſtrieuſes, pour avoir des objets de luxe, ce qui forme le ſeul commerce de la Pologne. Commerce précaire par lui-même, 1°. parce qu'il favoriſe l'induſtrie des autres Nations au préjudice de la ſienne; 2°. parce qu'il croiſe les bras à une foule d'individus de la troiſième & quatrième claſſe, qui n'ont rien à faire ; 3°. parce que les richeſſes s'écoulent toutes d'un côté, & ne ſe répandent pas aſſez ; 4°. parce qu'enfin la claſſe des Commerçans s'éteint entièrement.

L'Eſpagne n'entre que pour un vingtième dans ſon propre commerce des Indes, de cinquante millions que les étrangers font ſous ſon nom ; car on ſait que celui qu'elle fait n'eſt que de deux millions & demi ; c'eſt-à-dire qu'elle n'eſt que ſimple ſpectatrice d'un négoce immenſe qui ſe fait dans ſes propres Etats.

Il eſt impoſſible de ſupputer tout le mal que

cette Monarchie se fait à elle-même par son propre commerce. 1°. Elle se ferme à jamais la porte à l'établissement des manufactures nationales, en favorisant celles des autres Etats. 2°. Elle entretient son peuple dans l'oisiveté & la paresse. 3°. Enfin, elle perd les richesses que les autres peuples font dans son propre pays. Le Portugal, qui négocie avec toutes les Nations, perd avec toutes les Nations. Rien ne contribue plus à l'appauvrir que ses propres richesses, dont les autres Etats le dépouillent : ce Royaume, à l'exemple de l'Espagne, entretient son peuple dans l'oisiveté & la nonchalance, & en l'appauvrissant, le fait tomber dans une espèce d'engourdissement général, ce qui est le plus grand de tous les maux, après celui de la pauvreté universelle. Si le Gouvernement de la Pologne défendoit aux Grands le commerce des grains, c'est-à-dire leur exportation, ils cultiveroient moins leurs terres, parce qu'ils ne sauroient que faire d'une denrée qui ne pourroit plus leur procurer de l'argent pour satisfaire leur luxe. Ce peuple seroit plus heureux, ne fût-ce que parce qu'il auroit une subsistance plus abondante ; car les Seigneurs étant embarrassés de leurs grains, le distribueroient aux laboureurs, & insensiblement les arts s'établiroient, & le luxe qu'on va chercher ailleurs se trouveroit dans l'Etat principal ; toutes les classes seroient riches en Pologne, au-lieu qu'il n'y en a qu'une qui le soit. Il ne faut souvent qu'un réglement de commerce pour changer le sort d'une nation.

Si l'Espagne faisoit des loix relatives à son commerce des Indes, chose à laquelle son Gouverne-

ment n'a jamais penſé (laiſſant toujours celui-ci à
la merci des mains des étrangers, qui s'en ſont
rendus entièrement les maîtres), elle en ſeroit plus
heureuſe, parce que la Nation le deviendroit. En
ſuppoſant dans l'état préſent des choſes, l'impoſſi-
bilité pour l'Eſpagne de s'en procurer tous les avantages, il vaudroit mieux mettre des bornes à ce
commerce, que de permettre d'en étendre les branches, en augmentant les richeſſes des autres Nations, ce qui contribue à diminuer les ſiennes. Les
maux qui pourroient arriver d'un ſi grand changement, ſeroient moindres que ceux qu'on éprouve,
parce que de toutes les poſitions, la plus terrible
pour une Nation, eſt celle d'une pauvreté fixe &
permanente. Il y a toujours à gagner pour un Etat
à chercher à devenir riche ; pendant la révolution
tous les reſſorts du Gouvernement ſont tendus : le
génie national ſe forme ; ceux qui auparavant ne
s'occupoient de rien, font quelque choſe. On voit
les cauſes qui arrêtoient les arts ; on découvre celles
qui détruiſoient l'induſtrie ; on devient citoyen d'une
République commerçante, au-lieu qu'auparavant
on étoit l'eſclave de tous les Etats commerçans.
Enfin, les étrangers qui voient alors tout perdu,
ſe prêtent eux-mêmes à la révolution, aimant
mieux partager les profits avec la Nation qui fait
la réforme, que de s'en voir entièrement privés.

Si le Portugal fermoit la porte aux étrangers,
s'il recevoit moins de marchandiſes qu'il ne peut
payer avec ſon métal, qu'il n'a pas plutôt donné
qu'il s'appauvrit, lorſque l'Etat qui le reçoit s'en-
richit. Si le Miniſtère de Lisbonne pouvoit une
fois ſe mettre bien dans l'eſprit, que la marchan-

dife qu'il reçoit fe détruit, & que dans quelques luftres il n'en reftera aucune trace, au lieu que fon or refte & fubfifte toujours, il chercheroit à mettre des bornes à fon commerce, ou, ce qui feroit peut-être mieux, le réduire à lui-même.

Il peut fe trouver un Etat, dit un Auteur, fi malheureux, qu'il foit privé des effets de tous les autres pays, & même de prefque tous les fiens, les propriétaires des fonds de terre n'y feront que les colons des étrangers : cet Etat manquera de tout, & ne pourra rien acquérir; il vaudroit mieux qu'il n'eût de commerce avec aucune nation du monde ; c'eft le commerce qui, dans la fituation où il fe trouvoit, l'a conduit à la pauvreté. On pourroit mettre au bas de ceci : *Abrégé de l'Hiftoire Moderne du commerce du Portugal*. En effet, ce Royaume, de nos jours, n'a ceffé un moment de s'appauvrir par fon commerce avec tons les Etats étrangers avec qui il a commercé. Si cette Nation n'avoit négocié avec aucune, elle feroit riche & vivroit aujourd'hui dans l'abondance ; au-lieu qu'elle eft tombée dans la plus affreufe pauvreté.

En Angleterre, où tout fe rapporte au bien public ; en Angleterre, où l'on fait plus de cas de la République, que de quelques-uns de fes Membres, un particulier ne propofe aucune nouvelle branche de commerce qu'elle ne foit foumife au jugement de la Nation ; c'eft elle qui prononce fur fes avantages, & dans ceux-ci, il eft toujours moins queftion de l'intérêt particulier, que du bien général. Voilà une des caufes de la profpérité de ce Gouvernement.

La France doit en grande partie fa profpérité au

Conseil du commerce formé sous le règne de
Louis XIV ; avant lui cette première branche de
l'Administration économique , n'avoit point de
direction , le hafard feul la dirigeoit ; mais lorfque ce tribunal des Arts eut pris fa place à côté
du trône , le commerce reçut une forme, il eut un
plan , des vues & un fyftême méthodique ; des
Miniftres éclairés embrassèrent tous fes détails ,
& l'enfemble en fut mieux.

Je fais bien que des gens frappés de ces deux
idées, l'une que le commerce eft la chofe du monde
la plus propre à acquérir les richeffes , l'autre
que les richeffes donnent la puiffance , ont cru qu'il
falloit l'étendre à l'infini ; à cet effet on y a invité
toutes les claffes.

J'ai vu fouhaiter que la Nobleffe de France devînt commerçante (1) ; c'eût été perdre cette Nobleffe , fans augmenter le commerce ; il fuffit de
connoître fon caractère.

« Cette Nobleffe , toute guerrière qu'elle eft , qui
« penfe que dans quelque degré de fortune que l'on
« foit , il faut faire fortune ; mais qu'il eft honteux
» d'augmenter la fienne , fi on ne commence pas
» la diffiper. Cette partie de la Nation , qui fert
» toujours avec le capital de fon bien , qui quand
» elle eft ruinée donne fa place , à un autre qui
» fervira avec fon capital encore ; qui va à la guerre
» pour que perfonne n'ofe dire qu'elle n'y a pas
» été , & qui quand elle ne peut pas efpérer les
» richeffes , efpère les honneurs, & lorfqu'elle ne

---

(1) Voyez la Nobleffe commerçante.

» les obtient pas, se console, parce qu'elle a acquis
» de l'honneur ».

On voit par là combien le génie de cette Noblesse est diamétralement opposé à celui du marchand, continuellement occupé des pertes & des
profits, calculant sans cesse la recette & la dé-
pense, & n'étant occupé que de marchandises,
avide d'argent auquel il sacrifie tout. Ceci peut avoir
quelques exceptions, mais c'est la règle générale,
parce que l'avarice qui naît de l'avidité des richesses,
est la même dans tous les cœurs.

Venise, dans nos tems modernes, voyant que
sa Noblesse alloit dégénérer par cet esprit d'industrie attaché à l'émulation des Arts, lui défendit
le commerce même le plus légitime, même le
plus innocent, même le plus honnête. C'est à cette
loi que la République doit la durée de son Aristo-
cratie ; sans elle toute la Nation seroit devenue
marchande, par cet amour des richesses qui se
trouve dans tous les hommes. Un Sénat, où chacun de ses Membres est employé au commerce,
n'a pas le loisir de s'occuper de la République,
sans compter que les Magistrats dans les Aristo-
craties, ainsi que les Rois dans les Monarchies,
ne doivent point faire de commerce. Ce doit
être la profession des hommes qui sont soumis au
loix, & non pas de ceux qui sont au-dessus des
loix.

Théophile voyant un vaisseau où il y avoit des
marchandises pour sa femme Théodore, le fit
brûler. Je suis Empereur, lui dit-il, & vous me
faites patron de galère ; à quoi les pauvres gens
gagneront ils leur vie, si nous faisons encore leurs

métiers ? Il auroit pu ajouter ce qu'a dit un Auteur moderne dans le même endroit. Qui pourra nous réprimer, si nous faisons des monopoles ? Qui nous obligera de remplir nos engagemens ? Ce commerce que nous faisons, les Courtisans voudront le faire; ils seront plus avides & plus injustes que nous. Le peuple a de la confiance en notre justice, il n'en a point en notre opulence : tant d'impôts qui font leur misère, font des preuves certaines de la nôtre. Ceux qui ont cherché à établir l'univer-salité du commerce, ont prétendu que tous les hommes pouvoient vendre & acheter, sans que cela influât sur leur caractère; mais à qui persua-dera-t-on cela ? non pas à des Philosophes, non pas à ceux qui connoissent le cœur humain, qui savent combien les qualités civiles influent sur les ver-tus morales, & que chaque individu tient à la profession qu'il exerce. Il faut laisser cette maxime aux Commis des douanes, qui ont un intérêt per-sonnel qu'il y ait beaucoup de vendeurs & d'a-cheteurs.

Je n'ai point dit qu'il ne faut pas encourager le commerce, mais seulement le réduire à la classe des citoyens à qui il convient de le faire; encou-ragez-la, cette classe, par tous les moyens qui ser-vent à donner de l'émulation à l'industrie; mais ne la multipliez pas à l'infini, si vous ne vou-lez voir naître une infinité de désordres de son trop grand nombre. Je sais bien que je dis ici des choses nouvelles; mais si elles sont vraies, elles sont très-anciennes. Qu'importe après tout, que ce soit Puffendorf, Montesquieu, ou moi, qui les ait dites, pourvu qu'elles soient puisées dans

la nature des chofes. Je ne faurois me réfoudre à
finir ce Chapitre, fans parler d'un abus du commerce moderne, que les anciens ne connoiffoient
point, & qui lui fait plus de tort que les meilleurs réglemens ne lui peuvent faire de bien.

Par un calcul auffi exact qu'il peut l'être fur des
chofes qu'on ne peut juger que par des à-peu-près,
on a fupputé que depuis le commencement de ce
fiècle il s'eft fait pour fix milliards de banqueroutes
dans les différentes places commerçantes de l'Europe; fomme fupérieure à celle du numéraire de
toutes les nations enfemble. J'en fais bien la raifon, c'eft qu'il y a eu trop de mains pour partager
les profits du commerce, & trop de luxe dans ceux
qui les ont divifés. Je n'ignore pas ce qu'on a dit,
& ce qui eft très-vrai, que la richeffe ne fait que
changer de main, fans changer d'Etat; mais s'il
eft indifférent en foi de quelle manière circule la
fortune publique, il ne l'eft pas que l'Europe foit
remplie de malhonnêtes gens, & que le commerce, qui devroit infpirer de la droiture, foit
devenu un pur brigandage, où règne pour l'ordinaire la mauvaife foi. Voyez la plupart des maifons
des principales villes commerçantes, elles font cachées derrière leur Bilan.

On a fouvent demandé s'il peut y avoir des banqueroutes frauduleufes? Il n'eft pas mal-aifé de
répondre à cette queftion. Pour qu'il pût y en avoir
qui ne le fuffent pas, il faudroit que la conduite
du commerçant ou du négociant, qui fait faillite,
ne fût pas elle-même fufpecte de fraude, & que fa
probité fuppléât à fes malheurs; c'eft-à-dire, que
s'il a effuyé des pertes dans fon commerce qui

forment un vuide , il ait le deſſein de le remplir
& de faire honneur à ſes affaires par une plus grande
exactitude & un travail plus aſſidu. Encore cette preuve de ſa bonne foi ne prouveroitrien ; car dece qu'un
négociant auroit perdu ſon bien par des pertes paſ-
ſées , il ne s'enſuivroit ſpas qu'il dût expoſer celui
de ſes correſpondans par de nouvelles pertes , d'autant plus que les profits attachés au commerce ſont
très-incertains ; il faut faire la différence d'un particulier qui n'étant attaché à aucun négoce , s'appauvrit lui ſeul , d'un négociant dont les affaires
étant liées avec une infinité de gens , ne ſauroit
ruiner ſa fortune ſans renverſer celle de ſes correſpondans ; c'eſt un dépôt que le commerce lui a
confié , & dont il doit rendre compte au commerce.

Mais ce n'eſt pas d'une ſource ſi honnête que
naiſſent ſes dérangemens. Il ne faut pas croire que
les pertes qu'éprouve une maiſon de commerce
reſſemblent à celles de la foudre qui frappe à
l'inſtant même qu'elle tombe : pour l'ordinaire ces
pertes viennent de loin ; on les couvre , on les ca-
che , on les diſſimule , pour ne pas perdre ſon cré-
dit auprès de ſes correſpondans, dont on entretient
la confiance par une richeſſe qu'on n'a pas.

En général , la mauvaiſe foi d'un négociant qui
fait banqueroute eſt préparée depuis pluſieurs années , par une ſucceſſion continuelle de mauvaiſes
affaires qu'il entaſſe les unes ſur les autres; juſqu'à
ce que la meſure de ſes pertes ſoit comble. Alors
il les verſe dans la miſère générale ; car c'eſt toujours une calamité publique , qu'un déſordre qui
influe ſur une ville , ſouvent ſur pluſieurs provin-

ces , & quelquefois même fur un royaume entier.
Faute d'une pareille droiture de fentimens , une
maifon qui auroit fait d'abord , fi l'on peut s'exprimer ainfi , une banqueroute honnête de trente
mille livres , en fait une de quatre millions , &
ruine par là cinq cens familles , qui en écrafent
à leur tour un pareil nombre.

Je fais bien qu'on dira encore ici qu'un Négociant , qui a effuyé d'abord de grandes pertes ,
peut les réparer & faire enfuite honneur à fes anciens engagemens. Je dis que cela pouvoit être
ainfi dans le premier âge du commerce , où les
grandes fortunes étoient auffi communes qu'aifées
à faire , où la plus petite lumière fuffifoit pour
répandre une grande clarté fur les fpéculations du
commerce , les plus abftraites. Mais aujourd'hui
que tout eft approfondi que la théorie-pratique du
commerce eft connue de tout le monde, aujourd'hui
qu'une foule de livres inftruifent un chacun de fes
avantages, & que la République des Arts eft remplie
de commerçans auffi intelligens qu'avides de gain
& de profits : en un mot , maintenant où l'on eft
parvenu à ce point de cupidité d'acquérir des richeffes , que s'il y a un écu à prendre dans le commerce , il y a cent mains commerçantes pour le
recevoir; il eft moralement impoffible qu'une maifon , qui a effuyé de grandes pertes , puiffe fe rétablir. Auffi voit-on tous les jours qu'une première banqueroute n'a d'autre effet que de conduire à une feconde , & ainfi du refte.

CHAPITRE

CHAPITRE VI.

Des premières richesses du Portugal ; des révolutions qu'elles causèrent en Europe ; la pauvreté qui s'enfuivit dans cette Monarchie.

LA richeffe du Portugal fut d'abord prodigieufe. L'Amérique joignit fes tréfors à ceux de l'Afie, pour le rendre l'Etat le plus floriffant de l'Univers. Ses récoltes du Nouveau-Monde étoient en métaux précieux. Les autres Royaumes avoient une fomme limitée. Lisbonne en recevoit une tous les ans du Bréfil ; l'or étoit une production de fes terres.

On verra dans le Livre que j'annonce comment cette richeffe difparut, ou pour mieux dire, comment elle devînt la proie de toutes les nations & furtout de l'Angleterre, qui l'envahit prefque toute entière ; non-feulement par fon commerce, non-feulement par fon induftrie, non-feulement par fes Arts, non-feulement par fa main-d'œuvre, mais encore par fes alliances, mais encore par fon avarice, mais encore par fes menées, mais encore par fes menaces. On trouve la conviction de fon avidité pour l'or dans la pièce fuivante. Le Marquis de Pombal, en entrant dans le Miniftère, ayant défendu l'exportation du numéraire, la Cour de Saint-James en prit l'alarme ; elle députa auffi-tôt un Ambaffadeur extraordinaire à Lisbonne, pour obtenir la main levée de l'or. Cet homme qui s'adreſſa au Roi, lui parla ainſi.

S I R E (1),

« Votre Majeſté ne peut être aſſez louée de
» l'attention qu'Elle a toujours apportée aux affaires
» du Gouvernement; la preuve qu'Elle vient d'en
» donner dans l'examen du commerce, montre
» ſuffiſamment ſes qualités royales, qui la ren-
» droient digne de porter une couronne, ſi celle
» qu'Elle a ſur la tête, ne lui avoit été tranſmiſe
» par une longue & glorieuſe ſuite des Rois ſes
» Ancêtres.

» Mais permettez-moi, Sire, d'obſerver qu'il
» eſt un grand Roi par lequel tous les autres règnent,
» & dont la providence règle l'adminiſtration des
» choſes humaines. Chaque peuple a ſon lot ; les
» richeſſes appartiennent à certaines nations, l'in-
» duſtrie à d'autres, & par cet arrangement, les
» libéralités du ciel les font toutes égales.

» Tous les conſeils humains ſont vains lorſ-
« qu'ils ſont contraires à ſa gloire, & toutes les
« Puiſſances foibles lorſqu'elles ne s'accordent pas
» avec ſa volonté. Votre Majeſté a défendu l'ex-
» portation de l'or, la choſe eſt impraticable. Vous
» pouvez, Sire, réprimer vos ſujets, mais non
» pas mettre des bornes à leurs beſoins. Suppo-
» ſons pour un moment que la choſe ſoit poſſible,

---

(1) Cette pièce eſt rapportée dans l'Adminiſtration.

» & que par un décret, vous ruiniez les Puissances
» du Nord, quelle en seroit la conséquence ? la
» voici : ceux qui cultivent les campagnes, les mar-
» chands de bestiaux, les manufacturiers, qui
» travaillent maintenant dans leurs maisons pour
» habiller vos sujets, se feroient soldats; les vais-
» seaux marchands qui remplissent votre port de
» Lisbonne, se changeroient en flottes, & iroient
» au Brésil se saisir de plus d'or que le Portugal
» ne sauroit leur en donner ».

Quand l'avarice eût parlé elle-même en personne, elle ne se seroit pas exprimée autrement.

L'or est une richesse de fiction, dont la valeur
diminue par son augmentation, parce qu'il re-
présente moins de choses. De tout tems les Etats
à mines se sont appauvris par leurs productions;
c'est qu'ils abandonnent l'agriculture, les Arts &
l'industrie pour courir après un métal qui n'est ni
la nourriture, ni le vêtement; il faut qu'ils donnent
leur or pour se pourvoir des choses qu'ils n'ont
pas; car avec quoi solderoient-ils leurs comptes ?
Dans ce cas la loi qui défend l'exportation de
l'or devient inutile, on peut même dire injuste.
En effet, lorsqu'un Gouvernement qui n'a que ce
métal, permet à ses sujets d'acheter d'une nation
étrangère les choses qui lui manquent, il ne doit
pas leur défendre de la payer. La fraude de l'or
s'établit alors avec d'autant plus d'indispensabilité,
que la nécessité qui est la première loi, force celle
de la prohibition.

Comme l'or du Brésil ne faisoit que passer en
Portugal, & qu'il se répandoit dans les autres
Etats de l'Europe qu'il enrichissoit, on ne sauroit

croire la révolution que cette augmentation de numéraire caufa. La fcene du monde politique changea entièrement. Des Gouvernemens qui par leur pauvreté naturelle, ne pouvoient rien auparavant, purent beaucoup après.

On vit des petits Etats jufques à cette époque àneantis dans leur impuiffance, s'élever tout d'un coup à la grandeur & difputer l'Empire aux plus grands peuples; c'eft qu'ils avoient les moyens d'acheter des armées, & qu'auparavant ils ne les avoient pas. Ceux qui ont fupputé les viciffitudes attachées à l'humanité, ont trouvé qu'il y a eu plus de guerres & de batailles dans les deux cens dernières années, qu'il y en a eu depuis Charlemagne jufqu'au feizième fiècle. On a cherché, avec une curiofité trifte, la caufe de cette étrange révolution. On a fait des livres qui ont plus fervi à fatisfaire la curiofité des politiques, qu'à découvrir la fource du mal. Nous devons ces viciffitudes aux richeffes de l'Efpagne & du Portugal, qui n'ayant pu les garder, ont été obligés de les répandre en Europe, où elles ont caufé ce trouble & cette confufion dont nous parlons.

Voilà la révolution que les nouvelles richeffes ont fait naître dans le monde politique; mais elles en ont caufé une autre dans le fyftême économique.

Avant la découverte de l'Amérique, la fomme numéraire répartie dans chaque Etat, étant toujours la même, ne changeoit rien à l'état des chofes; mais quand le Nouveau-Monde y eut ajouté fept milliards, tout changea dans l'ancien; ce fut alors qu'on parla finance, qu'on écrivit fur la finance, qu'on fit des fyftêmes de finances, & qu'enfin il y eut des financiers : race d'hommes qui, du tems des Romains, avoit péri avec la République, & qui ne reparurent en Europe qu'à l'ouverture des mines, parce qu'il y eut affez d'argent pour exciter leur cupidité.

De nos jours, leurs caiffes font autant de gouffres où vont fe précipiter les richeffes de l'Etat ; c'eft le centre où aboutiffent toutes les lignes de la fortune publique.

On pourroit demander à ces millionnaires, combien d'eftomachs avez-vous ? ou ce qui eft le même, combien de fois dînez vous par jour ? Ils répondront fans doute, une ? Eh bien ! barbares que vous êtes, laiffez donc dîner les autres : ne leur ôtez pas un pain que la nature leur a donné, & que vous ne fauriez leur enlever par vos fpéculations de finances, fans caufer un vuide dans la fubfiftance publique ; car ne vous y trompez pas, chaque individu comme membre de la République, a une portion de ce pain, & toutes les fois que par vos agiotages vous vous en appropriez un grand nombre au-delà de la vôtre, vous l'ôtez de la bouche d'autant de Citoyens.

Il faut vous expliquer ceci ; depuis qu'on ne procède plus par voie d'échange, & que l'argent repréfente tout, c'eft avec ce métal feulement, qu'on acquiert la nourriture & le vêtement, ainfi que tous les befoins attachés à la vie phyfique. Evaluons ces befoins à cent écus, ou trois cent livres tournois, pour chaque individu. Si vos richeffes font de quatre millions, vous avez tout jufte dans votre coffre-fort la fubfiftance de quatre mille citoyens, qui par-là en font privés ; car chaque cent écus que vous poſſédez de plus que les vôtres, il y a quelqu'un dans le Royaume qui ſouffre la faim & la ſoif.

Ce n'eſt pas tout : il faut encore vous apprendre ceci ; car peut-être vous ne le ſavez pas, ou ce qui eſt le même, vous n'y réfléchiſſez pas : chaque Etat a ſa richeſſe numéraire, qui dans ſon principe fut établie pour être répartie géométriquement. Ce ne fut qu'à cette condition que l'or & l'argent acquirent le titre de richeſſe repréſentative ; car le premier Légiſlateur qui établit l'uſage des métaux, ne put pas ſuppoſer que l'or & l'argent repréſenteroient beaucoup de choſes pour un individu, & rien du tout pour un autre. Les loix dans toutes les conſtitutions furent générales : on ſtipula toujours pour la République, jamais pour l'individu. Or cette proportion relative de numéraire, depuis les grandes ſpéculations ſur les finances, ne ſubſiſte plus.

Prenons la France pour exemple. Un grand Financier a dit qu'elle a deux milliards d'eſpèces ; ſelon l'état de ſa population, cela fait un peu plus de cent francs pour chaque citoyen. Or ſi un Financier a la fortune que nous venons de dire, on peut juger combien de cent francs il possède en gênant la circulation générale, car il ne faut point avoir recours à Barême pour ſavoir que quatre mille individus qui mettroient chacun leur cent francs dans la circulation publique, la rendroient infiniment plus étendue que celui qui y met quatre millions.

Avant que l'uſage des métaux fût établi, les Athéniens ſe ſervoient de bœufs, & les Romains de brebis; mais malheureusement cette monnoie béante n'est pas venue jusqu'à nous. Si elle formoit notre numéraire, nous n'aurions point de millionnaires; car que feroient les grands Financiers de trois millions de bœufs, ou de trois millions de brebis; malgré leurs richesses, ils ne seroient pas assez opulens pour les nourrir : ces pauvres bêtes maigriroient dans leurs écuries, & lorsqu'ils voudroient acheter des effets royaux, leurs écus seroient de la fausse monnoie; sans compter qu'un bœuf ne ressemble pas à un autre bœuf, ni une brebis à une autre brebis; au lieu qu'une guinée ressemble toujours à une guinée, & un louis d'or à un autre louis d'or, ce qui fait qu'à Londres & à Paris les gens à numéraire en rassemblent considérablement.

CHAPITRE VII.

De l'agriculture du Portugal; ce qu'elle étoit du tems de ses premiers Rois; des causes qui la firent dégénérer.

LA navigation, le commerce, les arts, l'industrie appartiennent à l'agriculture, parce que c'est elle qui donne tout & qui produit tout. Il n'est rien qui ne vienne de la terre, & qui ne soit le fruit de la terre. Aussi de tout tems les peuples agricoles ont eu la supériorité sur les autres. Le Gouvernement militaire peut bien avoir l'avantage

pour quelque tems fur l'Etat cultivateur; mais après
la victoire, il faut qu'il dégénère, faute de fubfiftance.

Il y a actuellement un petit Etat en Europe,
qui s'eft aggrandi par les armes. Comme le Prince
qui l'a mis au rang des premières Puiffances, n'a
employé que le canon, il eft à préfumer que fa
grandeur n'ira guere au-delà de fon règne. Que fi
fon fucceffeur fe bat avec la même valeur pour
foutenir l'Empire., il faudra que fes forces dégénèrent en foibleffe; c'eft que la guerre doit détruire à la fin l'agriculture, qui eft le fondement
de la vraie puiffance. Cet Etat militaire, a force
d'avoir des foldats, manquera de laboureurs.

On ne voit point dans l'Hiftoire de Portugal que
le Royaume manquât par les premiers befoins, qui
font les fondemens de l'agriculture. Au contraire,
on y lit qu'il donnoit du pain à la Nation qui lui
en fournit aujourd'hui. Les réglemens que fes premiers Rois firent pour maintenir l'Etat dans l'a-
bondance ne font pas parvenus jufqu'à nous; mais
il eft certain qu'il y en eut, car dans le Gouvernement monarchique, c'eft toujours du Prince que
dépend le fort de l'Empire. S'il eft militaire, le
peuple devient foldat; s'il eft agricole, l'agriculture
fleurit : s'il aime les arts, l'induftrie s'établit : en-
courage-t-il le commerce, chacun fe fait commerçant. On découvre par les productions de ces tems-
là, comparées à celles d'aujourd'hui, que le Con-
feil de Lisbonne devoit avoir une attention particulière pour maintenir cette première branche de
l'adminiftration.

Par un calcul auffi exact qu'il peut l'être, fur

une matière que les siècles ont couvert d'une nuit
obscure, ce petit Royaume produisoit alors environ un million de septiers de bled, de plus qu'il
ne produit aujourd'hui : observation essentielle dans
l'histoire économique de ce Gouvernement ; car
comme il possède aujourd'hui le même domaine
en Europe qu'il possédoit alors, & que son physique n'a point changé, on trouve dans cette di-
minution la cause première de cette révolution qui
l'a fait dégénérer.

Le Portugal ne fut pas le seul Etat de l'Europe qui vit ses épis de bled sécher dans les en-
trailles de la terre, & la plupart de ses riches
productions anéanties. Jettons encore ici un coup-
d'œil rapide sur cette révolution ; c'est, à propre-
ment parler, l'histoire politique de notre monde,
parce que cette histoire est toujours analogue à la
subsistance des hommes.

Les Barbares qui détruisirent l'Empire Romain
n'étoient point cultivateurs ; c'étoient des brigands
qui vivoient de vols & de pillages. Après avoir
tout détruit, ils ne rétablissoient rien : la terre
suffisoit à peine pour les nourrir, ainsi que les
peuples dont ils avoient dévasté les champs. De
toutes les calamités qui affligent le genre humain,
la plus grande est celle qui les prive de subsistance. Point de pain, point de politique ; point
d'économie, point de puissance.

Des ténèbres épaisses se répandirent sur l'Europe ; l'ignorance fut générale. On ne sut plus lire
ni écrire, par conséquent les grandes productions
périrent ; car l'agriculture suppose des arts préli-
minaires pour la diriger. La plupart des Etats tom-

bèrent en friche : il fallut attendre qu'une nouvelle lumière éclairât le monde, pour rendre à la terre cette fécondité que les siècles obscurs lui avoient ôtée. A la dernière révolution qui éclaira l'Europe, l'Angleterre fut la première qui encouragea l'agriculture : elle employa les moyens qui de tout tems ont excité l'émulation chez les hommes, les honneurs & les récompenses : elle établit des prix pour ceux qui se distingueroient dans quelque genre de production : une médaille fut frappée & adjugée au Duc de Bedfort, avec cette inscription ; *Pour avoir semé du gland.*

Les autres Nations suivirent son exemple : bientôt on vit paroître des écrits. La France fut la première qui fit des livres sur l'agriculture ; peutêtre en avoit-elle plus besoin que tout autre Etat de l'Europe. Une grande Monarchie a toujours des endroits foibles, par où les négligences sur l'économie-pratique s'introduisent plus facilement que dans les Etats d'une étendue médiocre. Ce Royaume trouva dans ses nouvelles productions, ce qu'elle n'avoit pas trouvé dans ses anciennes victoires ; l'abondance publique ; ce trésor que tant de Puissances cherchent, & que si peu trouvent.

Ce fut alors que fut annoncé ce Dictionnaire universel sur les Arts, qui non-seulement déploya toutes les beautés du ciel, mais étala encore toutes les richesses de la terre.

L'Esprit des Loix parut, &, comme le dit un Philosophe moderne (1), l'horison du savoir fut agrandi.

____

(1) L'Abbé Raynal.

L'Hiſtoire naturelle, la plus complette qui ait jamais paru, ouvrit toutes les portes de la nature qui étoient reſtées fermées depuis la création.

La Phyſique expérimentale, par une révolution unique, fit dans dix luſtres ce que la Philoſophie morale n'avoit pas fait dans vingt ſiècles.

Tous les Etats de l'Europe profitèrent des nouvelles lumières qui devoient les enrichir ; il n'y eut pas juſqu'au Nord, ce pays inculte par ſa nature, qui ne fût mieux cultivé. On peut regarder comme un effet de la biſarrerie de l'eſprit humain, de ne venir au bien qu'après avoir parcouru le cercle de tous les maux qui ſont dans la nature. Il y avoit un grand nombre de ſiècles que les hommes vivoient ſans aiſance ſur une terre qui poſſédoit toutes les richeſſes qui pouvoient contribuer à les rendre heureux, ſans qu'ils cherchaſſent les moyens de le devenir : il fallut que les livres leur appriſſent à fouiller dans cette terre qui contenóit les riches tréſors qu'ils fouloient aux pieds.

C'eſt ainſi que le moindre encouragement peut changer la ſcène du monde économique, & faire vivre dans l'abondance des Nations qui languiſſent depuis long-tems dans la pauvreté.

Il fallut bien du tems pour faire entendre à ceux qui dirigeoient l'Empire, que toute grandeur, toute force, toute puiſſance, tire ſa ſource de l'agriculture ; que c'eſt elle qui fournit les inſtrumens, qui font gagner des batailles dans la guerre, & qui donne les moyens d'être heureux dans la paix.

Cependant ce beau ſyſtème économique man-

qua faute de direction ; on alla cultiver l'Améti-
que , tandis que la moitié de l'Europe étoit inculte. La Sardaigne qui , au fentiment d'Ariftote,
fut une colonie grecque, eft entierement à défricher. Les Carthaginois, qui s'en rendirent les maîtres , y détruifirent tout ce qui pouvoit la rendre
propre à la nourriture des hommes , & défendi-
rent , par une politique auffi barbare qu'inhu-
maine , fous peine de la vie , de cultiver la terre.
La Sardaigne n'étoit point rétablie du tems d'A-
riftote , & elle ne l'eft point encore aujourd'hui.

Le Royaume de Corfe eft prefqu'inculte, il
n'a pas de quoi nourrir fes habitans.

Tous les pays du midi de l'Europe, où les peuples
vivent dans l'oifiveté & la pareffe , font mal
cultivés. L'Efpagne a au milieu d'elle de vaftes
déferts , qui ne produifent rien. Les landes de
Bordeaux en France, ne donnent que des broffailles
inutiles à la fubfiftance des hommes. En Ruffie,
il y a dix-huit cent lieues de terrein en friche ,
où on ne recueille aucune denrée , quoique ce vafte
continent pût en donner s'il étoit cultivé. La
Suede eft encore à défricher , & la Pologne ne
rend pas ce qu'elle devroit rendre. Si on joint à
ces terreins qui ne produifent rien , ceux d'une
mauvaife agriculture dans ceux qui fe croient les
mieux cultivés, on trouvera , qu'il y a en Europe
plufieurs millions d'arpens de terre en friche , &
qu'il s'en faut de la moitié des productions , que
cette partie du monde produife ce qu'elle doit produire.

Il n'eft pas aifé de dire par quelle politique on
a cultivé le Nouveau-Monde , préférablement à

l'ancien , & encore moins d'expliquer pourquoi
on a changé les épis de bled en cannes de fucre.
Le pain eft la première nourriture de l'homme,
toutes les autres denrées ne lui font qu'acceffoires ;
le miel étoit bien plus analogue au corps que le
fuc de cette plante; tout ce qui vient de l'Amérique eft entièrement étranger à l'Europe , comme
tout ce qui part de l'Europe l'eft à l'Amérique.
Ces deux parties de la terre font fi oppofées l'une
à l'autre dans leurs productions , qu'elles ne peuvent fe communiquer que leurs poifons. Il ne faut
pas croire que les pays les plus fertiles foient les
plus abondans. Si on porte fes regards fur la fur-
face de notre monde, on trouvera que les continens les plus abondans produifent peu , & que
les moins heureux rendent beaucoup; cela dépend
entièrement de l'Adminiftration économique. Par
une impardonnable nonchalance , les hommes ne
font rien par eux-mêmes : il faut toujours les inftruire
de ce qu'ils faut qu'ils faffent, ou leur apprendre
ce qu'ils doivent faire. Cela vient de la coutume
qui s'eft établie de leur commander , & de l'habitude où ils font d'obéir.

Lorfque vous voyez un Royaume mieux cultivé qu'un autre , comptez qu'il a de bonnes loix
agraires , & que de plus l'Adminiftration les fait
valoir. Voilà pourquoi la Chine eft l'Empire le
plus floriffant de l'Univers.

L'Empereur fait toutes les années la cérémonie
d'ouvrir la terre; il devient laboureur un jour, pour
que fes fujets le foient toute l'année ; de plus, il
fait Mandarin du VIII Ordre le ménager qui a
eu la plus belle récolte. Ces inftitutions font ad-

mirables ; rien n'encourage plus l'Agriculture, que de voir le Prince laisser le sceptre pour prendre la charrue. Un Monarque Européen a adopté cette maxime. L'Empereur Joseph est descendu du trône pour labourer la terre. On découvre déjà que le terrein où il a semé du grain, rend plus que celui des autres continens ; c'est qu'il est mieux cultivé qu'auparavant. Il est si aisé de donner de l'émulation aux hommes, que la moindre cérémonie suffit pour cela.

Il y a long-tems qu'on a dit qu'il falloit distinguer les laboureurs qui cultivent bien la terre ; mais on s'est contenté de le dire ; on les a toujours laissés dans l'obscurité & l'oubli. Par une injustice énorme , il n'y a point de condition parmi nous plus méprisée que celle des hommes qui donnent à vivre aux autres hommes. On a dit qu'il falloit les tenir dans l'humiliation pour les exciter à un travail qui demande la plus basse soumission. De toutes les maximes que la barbarie a enfantées , celle-ci est la plus barbare.

Tel est l'effet du mépris, qu'il rend l'homme incapable d'aucune vertu ; c'est ce qu'on a dit des esclaves ; c'est ce qu'on a dit des gens sans aveu ; c'est ce qu'on dira toujours des classes de la société civile, auxquelles on n'attache aucune considération.

Le mal est qu'à cette injustice énorme , est jointe une indigence affreuse. Dans l'état présent de l'Europe , il n'est point de classe plus pauvre que celle qui entretient toutes les autres ; son tableau fait frémir, il deshonore la nature humaine. On voit sur la surface de la terre des corps diaphanes à demi-

nuds, des êtres exténués, qui ont à peine figure humaine; cela s'appelle des paysans, des laboureurs, des colons.

Par une fatalité particulière de nos tems modernes, ce ne font pas les paysans des Gouvernemens impuiſſans qui ſouffrent tant de maux; mais
des Etats qui paſſent pour les plus floriſſans; de
ces Monarchies dont la capitale regorge de richeſſes,
de grandeurs, de magnificence, de train des équi-
pages, où chacun vit dans l'abondance, tandis
que les habitans des campagnes ſont dans la plus
affreuſe misère.

Que diroit le plus grand Roi de l'Europe, s'il
ſavoit que pluſieurs millions de ſes ſujets ſont plus
malheureux que les eſclaves d'Alger; qu'un pain
noir couvert de larmes & de ſueur, avec quelques légumes, compoſent toute leur nourriture?
Ce n'eſt point ici une fiction, mais une vérité
connue de tous ceux qui ont parcouru l'Europe avec
cet eſprit philoſophique qui fait diſtinguer les beſoins relatifs attachés à toutes les conditions de
la vie.

L'Archevêque de Cambrai, pour inſtruire Télémaque dans la ſcience du Gouvernement, le fait
voyager. Ce Prélat a raiſon, c'eſt le ſeul moyen
qu'a le Prince régnant pour découvrir ſi les différentes claſſes jouiſſent de cette aiſance relative qu'il
doit à chacun de ſes ſujets.

Si quelque Télémaque moderne deſcendoit du
trône pour parcourir les provinces de ſon Royaume,
qu'il ne connoît que de nom, & dont il a ſeu-
lement entendu parler, il ſeroit tout étonné de voir
par lui-même la misère affreuſe qui y règne.

On a dit que les habitans des campagnes ignorent l'aifance & les commodités de ceux des villes.
Il eft peut-être heureux pour le repos de l'Europe,
qu'ils vivent dans cette ignorance ; car fi cinq
millions de laboureurs qui pourvoient maintenant
aux befoins de la République générale, favoient
que les trois premières claffes au-deffus de la fienne,
habitent des palais fuperbes, ont des habits pour
toutes les faifons, couchent dans des lits de duvet,
& ont une table auffi délicate qu'abondante, tandis qu'ils fouffrent & la faim & la foif, & n'ont
pour toute habitation, qu'une cabane couverte de
paille, ils fe révolteroient.

Alors on verroit des guerres de laboureurs égales
à celles des efclaves du tems des Romains, qu'on
a comparées aux guerres puniques, qui mirent fouvent en danger la République.

Le meilleur de tous les Rois de France, Henri IV,
voyant l'indigence de fes laboureurs, forma le
deffein de leur donner une telle aifance, qu'ils
puffent mettre une poule au pot tous les dimanches.
De toutes les idées qui ont jamais roulé dans la
tête d'un grand Roi, celle-ci eft la plus grande ;
non-feulement elle renferme un fentiment d'humanité, qui eft le premier qui doit occuper le
cœur d'un bon Prince ; mais elle contient un fyftême d'économie-pratique combiné par toutes fes
parties, dont l'abondance publique étoit le centre ;
car cette aifance relative ne pouvoit defcendre jufques
au colon, fans que les autres claffes n'en jouiffent
d'une plus grande. Qui le diroit ? Cette idée contenoit un fyftême univerfel d'agriculture ; mais mal-
heureufement pour les habitans des campagnes,
ce

ce Prince mourut trop tôt, & la poule n'entra jamais dans leur pot.

Peut être que le Portugal eût donné à ses terres la même valeur qu'elles avoient auparavant ; mais l'Angleterre qui la veilloit de près, ne lui en laissa pas le tems ; elle la lia par un Traité qui acheva de détruire ce qui lui restoit d'agriculture. Celui-ci contenoit que les vins du Portugal payeroient moins de droits à leur entrée à Lisbonne , que ceux de France. Il n'en fallut pas davantage aux Portugais, pour les porter à changer leurs champs en vignes ; il devoit arriver de là que le Portugal manqueroit bientôt de pain , & que l'Angleterre lui en fourniroit, ce qui est effectivement arrivé. C'est ainsi que la politique d'un Etat peut en mettre un autre sous sa dépendance par un seul Traité.

CHAPITRE VIII.

De l'industrie Portugaise ; ses progrès ; sa décadence.

S I une agriculture florissante est le fondement de la puissance d'un Etat ; la perfection des Arts ne contribue pas moins à son élévation, depuis que le luxe a établi des besoins dont on ne peut plus se passer ; les atteliers sont devenus aussi nécessaires que les champs , comme c'est une nécessité de se nourrir, ce n'en est pas une moindre de se vêtir.

Les Portugais étoient induſtrieux, avant qu'aucune Nation de l'Europe ſe diſtinguât par ſa manutention. Ce petit Royaume avoit fort peu de genres à changer, & encore moins d'or : on ne s'aviſa point de vendre ſon induſtrie à un peuple qui n'étoit pas en état de la payer, ce qui lui conſerva la ſienne.

La pauvreté eſt un rempart qui coupe la communication entre les Nations qui cherchent à s'enrichir par les arts.

Ce ne fut qu'après que ce Royaume eut découvert des mines d'or, que les Nations, avides de ce métal, accoururent à Lisbonne, pour le partager avec lui.

Cependant, comme c'eſt à cette époque que les Portugais préférèrent les manufactures étrangères aux leurs, & que cette préférence fut la cauſe de leur perfection ; il faut voir d'où celle-ci tira ſon origine.

Il eſt humiliant pour l'Europe qu'on puiſſe lui reprocher de n'avoir contribué en rien à la première branche de l'adminiſtration économique, qui eſt devenue parmi nous le fondement de la puiſſance des États.

L'Aſie a tout créé ; il n'eſt aucun art qu'elle n'ait formé ; c'eſt le berceau de ces belles manufactures qui ont ſervi d'ornement à toutes les Nations de l'Univers. C'eſt que cette partie du Monde avoit tout ce qu'il faut pour perfectionner les Arts, au lieu que les autres trois parties de la terre avoient à peine ce qu'il falloit pour les ébaucher. Un climat heureux, un ciel ſerein, un terrein fertile, abondant, créateur de toutes les ri-

cheſſes qui ſont dans la nature ; à quoi il faut
ajouter une population immenſe d'hommes ſobres,
& une paix ſtable.

L'Inde, la Chine, la Perſe, l'Egypte de qui
nous tenons tout, poſſédèrent d'abord, avec les
plus beaux dons de la nature, les plus belles inventions de l'art. Les révolutions de ces quatre
Empires eurent beau vouloir détruire cet ordre
établi par le phyſique, le ciel triompha toujours
des fureurs de la terre. Les arts, après leur deſ-
truction, renaiſſoient toujours de leurs cendres:
C'eſt que le climat, qui eſt le premier artiſte, leur
donnoit une nouvelle vigueur.

Cette diſpoſition eût fixé à jamais les arts en
Aſie ; mais une révolution inattendue les tranſ-
planta en Europe : elle mérite l'attention des
hommes.

« Il ſe répandit en Europe, dit un Ecrivain, une
» opinion religieuſe, que les lieux où Jeſus - Chriſt
» étoit né, ceux où il avoit ſouffert, étant profa-
» nés par les Infidèles, le moyen d'effacer ſes pé-
» chés, étoit de prendre les armes pour les en
» chaſſer. L'Europe étoit pleine de gens qui ai-
» moient la guerre, & qui avoient beaucoup de
» crimes à expier, & qu'on leur propoſoit d'ex-
» pier, en ſuivant leur paſſion dominante. Tout
» le monde prit donc la croix & les armes »,

On croiroit bien que cette émigration religieuſe eût produit l'humilité, qui étoit naturelle
à un acte de religion de cette importance ; mais il
en fut tout autrement. La molleſſe, le luxe & le
faſte, qui pour l'ordinaire ne commencent point
par la milice, s'introduiſirent dans l'armée Chré-

tienne. Conſtantinople corrompit des ſoldats qui devoient corrompre les capitaines.

Le luxe d'Aſie gâta les mœurs des troupes que les ſiècles barbares n'avoient pu corrompre. C'eſt à côté de la crêche d'un Dieu, né dans la pauvreté, qu'elles prirent du goût pour les choſes d'éclat. Le retour des Croiſés fit une révolution dans notre Monde. Ce fut la première fois qu'on vit s'établir le faſte d'Aſie à la Cour des Rois de l'Europe.

Rome, qui dans cette guerre de religion avoit placé la croix à côté de l'épée, profita de ce faſte nouveau pour embellir les temples & donner une nouvelle majeſté aux cérémonies attachées au culte, qui frappent d'autant qu'elles ont d'éclat & de magnificence.

Veniſe fut l'unique qui travailla des étoffes dans le grand goût : elle fut la première qui apprit à l'Europe qu'elle pouvoit ſe paſſer de l'Aſie. Découverte d'autant plus importante, qu'elle cauſa une des plus grandes révolutions qui ſoit jamais arrivée dans le monde économique.

Les Italiens, qui ont tout commencé & qui n'on rien fini, furent d'abord les ſeuls qui firent valoir les manufactures ; mais ils n'en furent pas long-tems les uniques poſſeſſeurs : dans peu les arts & métiers ſe répandirent par-tout. La Flandre tira ſon induſtrie de Veniſe ; l'Angleterre des Pays-Bas ; la France prit la ſcience de toutes les Nations.

L'Allemagne réduiſit ſa main-d'œuvre à ſes mines de fer & de cuivre qu'elle poſſédoit déjà, de tremper & de travailler les métaux.

Ce fut par la comparaison de toutes ces mains-
d'œuvre, qu'on jugea quelle étoit l'industrie de
chaque Nation. La Grande-Bretagne surpassa tou-
tés les manufactures de laine, par la qualité de
ses draps fins. Paris fit de plus beaux tapis que la
Perse, & Venise l'emporta par la beauté, la blan-
cheur & la transparence de ses glaces. La Flandre
eut la supériorité dans les dentelles, une des
manutentions la plus utile, parce qu'elle occu-
pe beaucoup de mains, & que dans les arts,
c'est du nombre de celles-ci que dépend leur utilité.
Un Philosophe moderne a du regret que les moulins, tels qu'ils sont, soient établis : il a raison ;
il vaudroit mieux que ce fussent les mains qui don-
nassent le pain, que l'eau ou le vent. On ne doit
se servir des élémens, que lorsque celles-ci manquent ; lorsqu'elles abondent, il faut les employer ;
& je remarquerai ici en passant, que les moulins
& les autres inventions de l'art, qui ont servi à
simplifier les arts, ont réduit à la mendicité en Europe plus de quatre millions de ses habitans.

Une seule réflexion pourroit guérir les Gouvernemens de cette protection qu'ils accordent aux
auteurs de ces machines qui font presque tout par
elles-mêmes. Les arts sont faits pour muliplier les
moyens de subsistance chez les hommes : or tout
ce qui diminue cette subsistance est contraire à leur
principe.

Mais bientôt l'ambition, l'avarice, & peut être
l'envie, confondirent ces divers genres d'industrie : on s'arracha des mains, si on peut s'exprimer
ainsi, la manutention ; les arts & les métiers n'eu-

rent plus de pays natal, le monde entier fut leur patrie.

La France seule, en donnant aux siens un génie naturel, les a fixés à jamais dans son Empire. On a beaucoup parlé dans le monde de cette prédilection, qui en variant continuellement, fixe le goût des étrangers par son inconstance même. Il faut l'attribuer à son ciel varié, à l'esprit superficiel & inappliqué de son peuple, à son caractère enjoué, à ses mœurs, à ses manières, à son goût pour la société, à son penchant pour les femmes, au desir de leur plaire, peut-être à son Gouvernement, qui n'étant pas assez déterminé pour rendre son caractère stable, lui donne des demi-vertus & des demi-vices, qui sont les plus propres à perfectionner les arts.

Sans les manufactures, l'homme réduit à cultiver la terre, seroit malheureux au milieu de ses productions les plus riches, à moins qu'il ne fît consister son bonheur dans celles-ci. Mais depuis l'établissement des Sociétés politiques, il ne lui est pas permis de jouir du seul bien réel qui soit dans la nature. Pour trouver ce bien, il faudroit renverser cette même société qui nous l'a ôté, & réduire ce bonheur aux seuls besoins physiques où il est, & non pas le chercher dans des biens, des richesses; des aisances & des commodités qui lui sont étrangères, & qui, par une suite de maux qui tirent leur source de l'acquisition & de leur possession, font de la vie un rêve malheureux; je dis un rêve malheureux, car dans ce sommeil continuel d'embarras, de peines, de soins, d'inquiétudes & de troubles de la vie, il est impossible de rêver bien.

En général, les premiers besoins qui se réduisent à l'aliment pour le maintien de notre existence, sont les moindres ; il n'en est pas de même des besoins qui tirent leur origine du luxe, qui se multiplient à l'infini, & varient sans cesse. Il faut donc des Arts & des manufactures qui les fournissent.

L'industrie a cet avantage, qu'elle tire l'homme de cet état d'ignorance où il étoit avant l'établissement des Arts. Il n'est point de métier, qui ne soit une science pour celui qui l'exerce. La main-d'œuvre donne du goût, & à force de perfectionner son goût, on perfectionne son génie. Qu'étoit l'Angleterre avant la révolution qui lui donna l'empire des Arts ? une Nation inepte, sans goût, sans talens ; elle n'eut pas plutôt jetté les premiers fondemens de l'industrie pratique, que son génie se développa. Qui le diroit ? le métier des bas fut pour elle une espece d'école de mathématiques.

Il faut moins de connoissances pour faire produire la terre, que pour donner une forme à ses productions. Que d'arts, que de métiers, que de professions, ou pour mieux dire, que de sciences ne sont-elles pas nécessaires pour former une horloge ? On peut dire le même pour les plus méchaniques.

Quelle capacité n'est-elle pas nécessaire au Manufacturier en laine, pour diriger cette foule de mains & métiers, qui entrent dans la fabrication d'un drap depuis la toison jusqu'au dernier apprêt que lui donne la perfection. Peut-être qu'il lui faut relativement plus de génie pour conduire cette Répub'ique d'ouvriers, qu'il n'en faut à un Ministie pour diriger l'Empire. L'homme d'Etat a sa ma che réglée ; il lui suffit pour avoir ce qu'il fera, de regarder derrière lui, pour voir ce que ceux qui l'ont précédé, ont fait. Le Manufactur er n'a pas cet avantage ; l'expérience du passé ne lui sert pas toujours pour l'avenir ; ce sont de nouvelles mains qu'il convient de guider au travail, & ces mains ne font pas toujours dociles. Ce n'est que par une applicat on aussi constante qu'uniforme, qu'il peut maintenir cette manutention dans un état de perfection.

Les arts & les manufactures modernes ont donné à l'Europe un air de grandeur & de magnificence dont les Romains n'eurent pas la moindre idée. L'architecture, la sculpture & la peinture, qui font des manufactures comme les autres, parce qu'elles tiennent à la main, contribuent à son établissement. Bientôt un luxe prodigieux donna à cette partie de la terre un éclat qu'elle n'avoit jamais eu depuis la création.

Les spectacles , enfans des Arts, ont achevé d'annoblir la scene de notre monde. Ils surpassèrent ceux des Grecs & des Romains, tant par ce qui frappe les yeux par l'éclat, que par ce qui séduit les sens par l'illusion.

Cette société qui tire sa source de la fréquentation d'où naissent les assemblées, les concerts, les fêtes, les bals, les repas & les autres divertissemens, vient des Arts : ils rendroient l'homme heureux , s'il étoient possible qu'il le fût.

Mais si les Arts ne peuvent pas donner une félicité qui n'est point dans la nature, du moins

contribuent-ils par le travail à diffiper l'ennui de
la vie qui eſt le plus grand de tous les fléaux.

Mahomet qui ſavoit la pente que le cœur humain a à ſe corrompre, lorſque livré à lui-même
il ſe trouve ſans occupation, établit que tout
homme ſans excepter le Roi, auroit une profeſſion.

C'eſt en vertu de cette loi, que le grand Seigneur à Conſtantinople, fait des fleurs ou quelqu'autre ouvrage à la main. Ce Légiſlateur connoiſſoit l'eſprit humain, qui s'appeſantit par ſa
propre inaction. Fouillez dans toute la nature, vous
ne trouverez point d'homme plus malheureux que
celui qui n'a rien à faire; il traîne une vie languiſſante, quittant nonchalamment un lieu pour
ſe porter peſamment dans un autre; on lit ſur ſon
viſage l'ennui qui règne dans ſon âme.

Depuis que l'Europe eſt couverte d'Arts & de
manufactures, les hommes ne vivent pas ſi ſéparés; la main-d'œuvre les a rapprochés; ils ſont
plus à portée de ſe communiquer leurs beſoins;
& par conſéquent ſe procurer des ſecours mutuels.

Quand la main-d'œuvre n'auroit fait que ce
bien, elle auroit rendu le plus grand ſervice au
genre humain, que jamais l'induſtrie ait pu lui
rendre. L'aiſance publique a ſuivi de près ces
premiers avantages. On trouve aujourd'hui mille
fois plus de particuliers en Hollande, en Angleterre & en France, qui poſſèdent une fortune
ſupérieure à celle de leurs ancêtres avant l'établiſſement des Arts. Une riche manufacture donne
plus d'aiſance à un Royaume, que le meilleur
ſyſtème de finances.

La Grande-Bretagne n'a établi un riche commerce dans les deux Indes, qu'en multipliant le nombre de ses fabriques.

L'Irlande doit à sa belle manufacture de toiles, en grande partie, la prospérité dont elle jouit.

La province de la Picardie en France, vit dans l'abondance par le moyen de plusieurs fabriques de draps qui enrichissent ses habitans.

Le Chevalier François *Goudart*, en établissant une manufacture de draps du Levant, & de mouchoirs de coton en rouge dans le Vivarais, a donné à ce pays une aisance dont il ne jouissoit pas avant cet établissement. Plus de cinquante villages dont les habitans ne vivoient au milieu de ce siècle que de fruits & de légumes, se nourrissent maintenant du pain & de la viande, & jouissent du luxe relatif attaché à chaque classe. Il est beau de voir un Citoyen contribuer par son industrie & ses talens, à l'abondance publique. Le sieur Ruelle son beau-fils, pénétré du même amour pour le bien public, a poussé son zèle plus loin; il a établi une manufacture de toiles de coton & de fil à Valence dans le Dauphiné, ce qui joint à celle qu'il avoit déjà à Aubenas, a enrichi deux provinces à la fois: aussi Louis XVI, qui aime à distinguer ceux de ses sujets qui contribuent à augmenter ou perfectionner les Arts, lui a accordé des lettres de noblesse: récompense digne des citoyens qui ont rendu des services à l'État par leur industrie ou leurs talens.

Revenons au Portugal; le même Traité de commerce que la Cour de Lisbonne avoit fait avec celle d'Angleterre, qui coupa le nerf de l'agriculture de ce Royaume, détruisit ses arts ; on ne fut occupé que d'envoyer des vins en Angleterre, parce qu'ils payoient moins de droits que ceux de France, & de prendre en retour en paiement, la main-d'œuvre angloise. On verra dans l'administration du Marquis de Pombal, l'avantage que les Bretons ont retiré de ce Traité.

CHAPITRE IX.

Du génie transcendant des Portugais. Révolution dans les Arts libéraux.

SI nous tenons nos qualités du pays où nous naissons ; si le ciel, qui forme nos âmes & notre esprit, fait que les hommes d'un continent sont différens de ceux d'un autre, ainsi que les plantes ; il seroit naturel de penser que les Portugais seroient distingués des autres peuples par le génie. En effet, un Royaume où la nature se montre dans toute sa beauté, où le plus beau ciel de l'univers éclaire ses habitans, où les rayons du soleil, sans être brûlans, ont ce degré de chaleur qu'il faut pour donner à l'imagination cet enthousiasme d'où naît la poésie, cette fleur de l'esprit qui préside à toutes les sciences, devoit lui donner l'avantage. Si les sciences ont forcé le climat à Pétersbourg, si elles ont percé au travers du ciel sombre & nébuleux de l'Angleterre, quel progrès ne devoient-elles pas faire dans une terre où la nature, pour s'exprimer ainsi, a ouvert aux habitans toutes les portes qui mènent aux connoissances & au savoir : aussi le Portugal fut-il éclairé dans un âge où tous les autres peuples étoient dans l'ignorance.

Mais avant de voir ses progrès dans les arts libéraux, il faut jetter les yeux sur le monde littéraire, & la révolution qui le tira de cet état d'anéantissement où il étoit tombé. Cette discussion nous servira d'ailleurs à nous faire connoître les causes physiques qui élevèrent le Portugal dans les arts à côté des Nations les plus éclairées, ainsi que les causes morales qui les placèrent au niveau des plus ignorantes.

Les Grecs & les Romains s'élevèrent par le génie & le savoir à une gloire qui ne finira qu'avec les siècles. C'est que c'est la seule chez les hommes qui mérite de passer à la postérité. Il faut la distinguer de cet héroïsme militaire qui n'a d'autre théâtre que celui du champ de bataille, & qui après la victoire ne laisse aucun souvenir dans l'histoire que celui du nombre des morts.

Combien de peuples militaires qui par leur bravoure & leur courage ayant conquis une partie de l'univers, n'ont laissé après eux d'autre monument que celui de l'effroi & du carnage, qui naît du bruit des armes. On ne se souvient aujourd'hui du siècle d'Attila, que pour conserver l'idée d'un âge barbare. Il n'y a donc que le génie & les arts qui perpétuent la mémoire des hommes sur la terre. Grand motif pour porter les Gouvernemens à les encourager par tous les moyens qui sont en leur pouvoir. On a déjà oublié les âges qui ont fait le plus de bruit sur la terre, par leurs victoires & leurs conquêtes ; mais on se souviendra toujours

des siècles d'*Alexandre*, d'*Auguste*, des *Médicis* &
de *Louis XIV*; ils formeront à jamais époque dans
les annales du monde.

Il est glorieux pour l'Italie d'avoir été la première à créer les arts, & les avoir ensuite rétablis
après leur destruction; ce qui fut une seconde création. Rome qui dans sa foiblesse même présida
au destin du monde, Rome qui après avoir perdu
la puissance, conserva l'énergie des grandes choses,
Rome accueillit les arts que les Turcs chassoient
de Constantinople. Alors on vit sortir de dessous
la terre des statues, des vases, des colonnes, qui
ayant fait connoître le génie des anciens, devoient
servir de modèle pour former celui des modernes.

L'Europe dut à trois villes d'Italie (1), ce
qu'elle a aujourd'hui de plus grand dans l'architecture, la sculpture & la peinture; il falloit
commencer par flatter les yeux, avant d'éclairer
l'esprit. Les hommes sont plus touchés de ce qu'ils
voient, que de ce qu'ils sentent. C'est la première sensation qui entre dans l'ame d'où se
forment toutes les autres.

Cependant de ces découvertes à celles des anciens, il manquoit vingt siècles. Les Médicis rap-
prochèrent ces longues générations, que les âges
barbares avoient rendues inutiles au monde.

Il est remarquable dans l'histoire des arts, que
des citoyens de Florence firent alors ce que les Rois
d'Europe auroient dû faire; mais la plupart étoient
occupés de guerres civiles, ou de querelles person-

---

(1) Rome, Venise, Florence.

telles , qui bien loin de rétablir les arts , contribuoient à les détruire. C'eſt peut-être là première fois que la tyrannie a été utile au genre humain; car les Médicis avoient uſurpé l'Empire ; mais ce vice ſe change en vertu lorſqu'il contribue au bonheur du monde. Ces Princes citoyens perfectionnèrent d'abord les arts de calcul , de meſure & de l'harmonie , qui mène aux ſciences ſpéculatives.

Pétrarque fut le ſeul Poëte de ſon tems qui donna du génie, du goût & de l'énergie à la poëſie moderne ; il épura cette galanterie , qui étant née dans les ſiècles barbares , tenoit de ſon caractère. C'eſt le premier Poëte qui ait dit cent fois en vers à une femme, qu'il l'aimoit , ſans ſe répéter.

L'Arioſte fit plus , il échauffa l'imagination des beaux eſprits de ſon tems. On l'accuſe d'irrégularité dans ſon grand poëme ; mais les génies ſupérieurs ſont au deſſus de cette méchanique uſitée dans les poëſies ordinaires. Ce déſordre eſt ſouvent néceſſaire pour donner plus d'eſſor à l'imagination. Un Auteur moderne a dit que *ce Poëte ſera iſolé dans l'hiſtoire de la Littérature , comme ces Palais enchantés qu'il a bâtis dans les déſerts.*

Mais il ſera toujours glorieux à un Auteur de ſe loger à force de génie dans le monde littéraire, dans un quartier diſtingué des autres.

On fait ſouvent l'éloge d'un grand homme en voulant le blâmer.

Les arts qui paſſèrent les Alpes n'acquirent d'abord aucun genre de perfection. François premier, Roi de France, qui aſpira à la réputation de *père des*

Lettres, ne fit qu'ébaucher un goût qu'il avoit puisé en Italie.

Peut être que l'idiôme épuré par le tems, qui est le grand maître de langues des Nations, ne contribua pas peu à jetter les premiers fondemens des grandes sciences. Avant le renouvellement des Lettres, la barbarie des mots & des expreßions tenoit la pensée dans une espece de servitude ; il manquoit un canal aux idées pour se communiquer, & c'est la pureté des langues qui l'a formé.

Un exemple particulier pourra nous servir pour toutes les Nations. C'est à la douceur qui s'est introduite dans la langue Italienne, ainsi que dans son accent & son nombre, qu'elle doit tous les charmes de la mélodie de sa musique, qui conduisirent au développement des paßions. Pierre Metastasio, dans nos tems modernes, par sa poësie lyrique, a tiré du fond du cœur des sentimens qui étoient cachés depuis long tems dans la nature, & qui n'attendoient que le moment de l'expreßion poétique, pour se communiquer à l'ame.

La langue françoise, ayant acquis des perfections, a aussi perfectionné le génie françois. Combien de bons livres ont paru, depuis qu'on lui a ôté cette rudesse, qui, en se communiquant aux idées, lui ôtoit cette douceur & cette mélodie qui depuis en fait le charme & l'agrément de toutes les Nations ; de manière qu'elle est devenue l'idiôme de tous les pays, au-lieu qu'auparavant, elle n'étoit que la langue de la France.

On peut dire de même des autres idiômes de l'Europe, dont les sciences ont suivi leur progreßion.

Jufques-là les arts s'étoient perfectionnés , mais la raifon ne l'étoit pas encore : l'homme eft bien éloigné de faire ufage de fon entendement , lorfque fon génie fe borne à la fimple décoration du monde matériel , dont la nature lui a donné l'empire.

La philofophie étoit encore dans ce cahos , où les fiècles barbares l'avoient plongée. Pour favoir ce que nous étions , il falloit connoître la terre que nous habitions. Des Auteurs qui ignorent le local du théatre où ils repréfentent, ne font pas en état de juger des pièces qu'ils jouent. *Galilée* nous apprit la figure de notre planète. Copernic avoit dit avant lui que le foleil étoit au centre du monde ; deux découvertes qui devoient perfectionner la navigation, d'où la philofophie a puifé de grandes lumières.

Defcartes en fe trompant lui-même fur le grand fyftême du monde , apprit aux Philofophes à ne pas fe tromper. De tout tems les erreurs de l'efprit ont conduit les hommes à la vérité. Pendant que l'ignorance combat, qu'elle difpute, qu'elle fe fert d'antithèfes, les idées fe forment , elles fe développent, elles fe multiplient, on diftingue les bonnes des mauvaifes , on fe défait des unes, on conferve les autres : l'analyfe les perfectionne. A la fuite de ce combat , la lumière diffipe les ténèbres de l'entendement , & la vérité, à la fin , prend la place du menfonge. Voilà l'hiftoire de tous les arts & de toutes les fciences dont les progrès font parvenus jufqu'à nous.

Defcartes apprit à douter ; ce qui eft le plus fûr moyen pour apprendre à s'inftruire.

Tel

Tel est l'effet de l'émulation générale, qu'il suffit de jetter les premiers fondemens des sciences pour encourager les savans de toutes les Nations. Toricelli à Florence, Pascal en France, Bayle en Angleterre; trois grands hommes, qui, par un grand bonheur, nâquirent à-peu-près dans le même tems, donnèrent de la réputation aux arts.

Il manquoit au Nouveau-Monde littéraire, un précurseur de l'esprit humain, qui annonçât aux siècles futurs, de nouvelles sciences. Bacon parut, & l'Univers en fut plus éclairé. Il ne faut souvent qu'un grand homme pour dissiper les ténèbres, qui pendant une longue suite de générations, ont retenu le monde dans l'obscurité.

Les mathématiques, cette science universelle qui les comprend toutes, dont les anciens n'avoient qu'une connoissance superficielle, firent des progrès considérables. La géométrie & l'algèbre, appliquées à la physique, achevèrent le grand œuvre du savoir.

Léibnitz fit plus que les autres savans ensemble, s'il est vrai que la présomption arrête les progrès des arts. Ce Philosophe en poussant la connoissance de Dieu aussi loin que notre foible raison peut la porter, guérit l'esprit de la maladie de la métaphysique qui agite l'ame sans éclairer l'entendement; ce qui est le plus grand bien qu'un homme ait jamais fait aux hommes.

Loke, en suivant le même principe, procura le même avantage; il déclara la guerre aux préjugés scientifiques; & pour qu'il n'en restât aucun vestige, il les força dans tous les retranchemens de l'école où ils s'étoient réfugiés. C'étoit un grand pas pour la saine philosophie.

G

Pour que les hommes fachent quelque chofe, il faut d'abord leur apprendre qu'ils ne favent rien. Tout favant qui n'aura pas été convaincu de cette première vérité, ne fera point philofophe.

Newton avoit caufé une plus grande révolution dans le monde phyfique; les hommes jufques à lui n'avoient vu que par les yeux. Méchanique de cet organe qui ne l'avoit pas diftingué des bêtes, il les fit voir par les lumières de l'efprit. Cet homme prodigieux lui apprit par démonftration, ce que c'eft que la lumière, ce qui, en philofophie, eft la feule manière de voir; l'ame éclairée par la raifon, fortit pour la première fois de la nuit obfcure où l'ignorance la retenoit depuis la création. Qu'il eft grand pour un mortel d'être le premier moteur d'une telle philofophie!

Mais il s'en falloit beaucoup que toutes les Nations de l'Europe euffent acquis les mêmes lumières. Les fciences n'avoient fait des progrès que dans quelques Etats qui les avoient protégées. Il étoit réfervé au fiècle de Louis XIV d'en étendre l'empire. C'eft à ce Monarque que nous devons la révolution qui de nos jours s'eft faite dans l'efprit humain. Un Auteur célèbre s'eft plu à donner l'hiftoire des arts créés, ou perfectionnés fous fon règne. Il n'en fut jamais de plus éclairé dans les Annales du monde lettré.

On doit avoir regret que cette émulation pour les fciences ne foit pas arrivée plufieurs fiècles auparavant; une foule de Nations qui font tombées dans l'oubli, faute de connoiffances, auroient laiffé des monumens fur la terre dignes de donner de la célébrité à leur nom. Il eft probable que fi Char-

lemagne avoit fait pour les Arts ce que Louis XIV
fit pour les perfectionner, l'Europe, à l'exemple
de la Chine, auroit pu se vanter de tenir ses
sciences, ses mœurs & ses manières d'une longue
suite de générations; au-lieu que nous passons aux
yeux de cette sage Nation pour un peuple nouveau, établi depuis hier sur la terre. Mais lorsqu'on
fait attention combien les préjugés qui naissent de
l'ignorance vieillie par les âges sont difficiles, on
est surpris au contraire, qu'on ait vaincu tant d'obs-
tacles qui s'opposoient à leur établissement.

Cependant le Portugal n'avoit pas attendu le
progrès général des sciences, pour en faire lui-
même dans les arts libéraux: séparés du monde
littéraire qui encourageoit le savoir, il n'eut d'autre
émulation que celle de son propre génie. La nature est le premier maître des Arts; avec elle on
peut tout, sans elle on ne peut rien. Cette Nation eut de grands Poëtes dans un âge où la poësie
étoit encore barbare. Le Camoens fit renaître ces
grands siècles qui firent l'admiration de l'Univers.
Son poëme sur la découverte des Indes, de Mo-
sambique, des mers des Indes, de Melinde & de
Calicut, seront un monument éternel de cette
gloire, qui rappella dans nos tems modernes les
charmes de l'Odyssée, & la magnificence de l'Enéide.
Ce Royaume eut des annales politiques dans un
tems où le reste de l'Europe n'avoit ni histoire,
ni historiens; chaque genre de sciences avoit ses
savans, & chaque savant se distinguoit dans un
genre de science.

CHAPITRE X.

Cause de la décadence des Arts libéraux en Portugal.

TANT que le Portugal fut concentré en lui-même, il conserva le goût pour les lettres; mais lorsqu'il eut établi sa domination sur les deux plus grandes parties du monde, ce peuple, qui jusqu'à ce tems là avoit tourné les yeux vers le ciel, les fixa sur la terre; à cette époque abandonnant les sciences spéculatives, il ne s'occupa plus que des arts méchaniques, qui mènent à l'acquisition des trésors. Il arriva au peuple Portugais ce qui est arrivé à toutes les Nations du monde, qui sont passées trop vîte de la pauvreté aux richesses, & des richesses à la corruption. A cette révolution le génie de la Nation dégénéra, au point de la rendre méconnoissable. C'est une remarque perpétuelle des historiens, que les peuples les plus éclairés, lorsqu'ils perdent les Arts libéraux, tombent dans les plus épaisses ténèbres; témoin les Grecs & les Romains. Les choses étoient dans cet état, lorsque le siècle de Louis le Grand fit naître la révolution dont nous venons de parler; mais comme le Gouvernement Portugais n'y prit aucune part, la philosophie moderne ne pénétra pas dans ce Royaume. Sans doute que les noms de Pascal, de Mallebranche & de Newron, ne lui étoient point inconnus. Dans les Etats même où l'on ne protège point les Arts, il y a toujours des gens qui cherchent à s'inftruire ; mais quelques citoyens ne font pas la nation. En fait de lumières, ce font les hommes qui doivent être éclairés, & non pas l'individu.

Déjà tous les Gouvernemens du monde lettré avoient des Académies, tandis que le Portugal n'avoit qu'une Univerfité ; école plus propre à retarder les progrès de l'efprit humain, qu'à le porter aux grandes fciences. C'eft de ces Académies que font forties toutes les connoiffances fur l'aftronomie, qui ont contribué à perfectionner la navigation, ainfi que les inftrumens pour purifier l'air dans les vaiffeaux, rendre potable l'eau de la mer, perfectionner l'agriculture, & donner plus de grains avec moins de femence & de peine. Voilà la véritable école, d'où les Etats doivent tirer les moyens d'élever leur puiffance. Les Univerfités n'ont guère donné jufques ici aux Gouvernemens qui les ont protégées, que des fcholaftiques ou des pédans ; au-lieu que les Académies ont produit des hommes d'Etat, ou ce qui eft plus exact, des moyens pour former des hommes d'Etat. Si ceux qui dirigent l'empire du favoir, ne font pas cette différence, ils confondent le favoir avec l'ignorance.

Outre ces caufes générales, des particuliers s'oppofoient aux progrès des fciences. Un tribunal obfcur (1) établi à Lisbonne, y mettoit un grand

---

(1) L'inquifition.

obftacle ; comme la moindre lumière lui eût fait perdre cette autorité qu'il tenoit de l'ignorance de la Nation , il n'avoit garde de lui permettre de s'éclairer. Une Société religieufe , qui s'étoit introduite dans ce Royaume le chapelet à la main , retarda auffi les connoiffances , parce qu'elles pouvoient nuire à fon établiffement ; elle venoit pour donner l'éducation à la jeuneffe : or toute fociété qui s'annonce pour inftruire , doit être inftruite ; mais elle fit de fon favoir la bafe de la politique qui devoit fervir à fon aggrandiffement. Rien ne découvre plus l'ambition de ce corps, que la route qu'il fit prendre au génie national.

Lorfque les ténèbres de ce peuple furent trop épaiffes , il les diffipa , parce que le génie d'un peuple barbare étoit contraire à fes deffeins. Lorfque les fciences firent trop de progrès , il les fit retrograder , crainte que de trop grandes lumières ne découvriffent fa marche. En un mot, la Société ne lâchoit du favoir dans les écoles publiques , qu'autant qu'il pouvoit être utile à fes deffeins.

Et pour que le favoir ne fît point de progrès , il étoit défendu de lire , à moins que ce ne fût de ces livres qui n'apprennent rien , & qui après leur lecture , laiffent l'efprit comme elles le trouvent.

Il n'entroit aucun ouvrage en Portugal , qui ne fût examiné par cette forte de gens , qui n'ayant point de connoiffances, ne peuvent fouffrir que d'autres en ayent.

L'Imprimerie furtout étoit gardée à vue : tout écrit qui parloit directement ou indirectement du Gouvernement , ou fur ceux qui gouvernoient ,

étoit condamné ; des réflexions fur l'Etat, des re-
marques fur la conduite, ou obfervations fur les
Miniftres ou les gens en place , étoient des crimes
de lèze-littérature ; les lettres de cachet étoient
toutes prêtes pour ceux qui violoient une certaine
liberté de penfer , d'autant moins repréhenfible ,
que les loix ne lui avoient point imprimé le caractère
de repréhenfibilité.

Il n'eft pas étonnant qu'un Gouvernement peu
affuré , & qui par là même craint des livres où
la vérité fe trouve mêlée à la fatyre , les défende
févèrement ; mais il l'eft que dans un état fondé fur
de bons principes, où la puiffance politique eft
inébranlable, on y emploie la même police.

A Dieu ne plaife que je veuille me déclarer
ici en faveur de ces perturbateurs du repos public , qui cherchent dans leurs écrits à jetter le
trouble & la confufion par-tout ; il faudroit les
punir, quand ce ne feroit que pour mettre un
frein à leur méchanceté. Mais je dirai bien qu'on
ne prend pas toujours la voie qu'il faudroit prendre
pour prévenir leur deffein.

Ce genre d'adminiftration demande une attention particulière. Qui le diroit ? C'eft prefque toujours en violant la loi qui défend la publication
de ces écrits, qu'on remplit les vues de la loi.

Comme pour l'ordinaire, c'eft dans la défenfe
qu'on en fait, qu'eft le grand mérite de ces ouvrages ; fi on veut les empêcher, il n'y a qu'à
les permettre. Il eft trifte, qu'on puiffe reprocher
à ceux qui dirigent l'Empire, de ne pas connoître
le cœur humain. Par une bifarrerie attachée à la

la nature des hommes, les hommes ne font méchans qu'autant qu'on ne leur permet pas d'être bons.

Ne les gênez pas dans leur manière de penfer ou de s'énoncer; ne leur impofez pas des loix prohibitives, & bientôt vous les verrez retenus dans leurs livres comme dans leurs difcours.

Dans les Etats où il eft permis à chacun d'écrire & de dire ce qu'il veut, perfonne ne dit & écrit que ce qu'il doit. Si quelque Auteur fcandaleux s'avife de publier un libelle contre le Gouvernement ou quelque Citoyen illuftre; le peu de cas qu'on fait de fon livre, le fait bientôt rentrer dans fon devoir. Le mépris fait alors ce qu'il n'eft pas au pouvoir des loix de faire.

Il faut furtout laiffer dans l'oubli les Ecrivains avilis par leur caractère, qui cherchent à fortir du néant par des écrits vifs & fanglans.

Il fuffit de dédaigner les traits des ouvrages fatyriques pour les émouffer. Les Princes fur-tout doivent être au-deffus de cette petiteffe. Quelques Monarques font parvenus à les méprifer. Le Roi d'Angleterre, Georges III, a fait mieux, il a pris le parti d'en rire.

Lorfqu'après fon lever, on lui apporte fon déjeûner avec le papier politique contre la Cour, où le Gazetier de Londres a pour maxime d'Etat de l'infulter régulièrement une fois par jour, & qu'il y a quelques endroits un peu plus hardis qu'à l'ordinaire, tant mieux, dit ce Prince en fouriant & fe tournant vers fes courtifans, encore quelques traits auffi audacieux que ceux-ci, & mes revenus augmenteront de mille pieces par an. C'eft que ce Souverain a pris la fage précaution de taxer les

Gazetiers Anglois à raison de trois sols par feuille de leur impertinence (1). Si tous les Potentats de l'Europe suivoient son exemple, on verroit bientôt disparoître ces écrits, qu'on ne publie contre eux, que parce qu'on est persuadé qu'ils les affectent. On sait le mot de Charles II. Ce Prince vit en passant à Londres, un de ses sujets au pilori : *Pourquoi l'a-t-on mis là*, dit-il ? *Sire*, lui répondit-on, *il a fait des écrits satyriques contre vos Ministres. Le grand sot ! dit le Roi, que ne les écrivoit-il contre moi ? on ne lui auroit rien fait.*

Tout le monde a lu dans une gazette la vengeance vraiment royale du Roi de Prusse, contre un de ces Auteurs indiscrets; il lui envoya des plumes taillées, lui faisant dire que la dernière dont il s'étoit servi écrivoit mal, qu'il espéroit que celles qu'il lui envoyoit, écriroient mieux.

Si la police de la capitale d'un grand Royaume, qui se donne bien de la peine pour découvrir & punir les auteurs des libelles, faisoit bonne provision de ces plumes pour en envoyer à ces écrivains, peut-être qu'elles réussiroient mieux que les lettres de cachet.

Rien ne corrige mieux les Auteurs que la dérision. Comme la plupart des hommes n'écrivent que par vanité, on est toujours sûr de leur faire tomber la plume de la main, lorsqu'on mortifie leur amour-propre; tout autre moyen est incertain : celui-ci est immanquable.

---

(1) Par un timbre sur le papier sur lequel on imprime les gazettes.

Veut-on voir si les loix sont impuissantes à l'égard des écrits injurieux ? Qu'il paroisse des vers contre le Prince, quelque Grand, ou un corps politique, la curiosité publique sera en proportion relative des soins que le Gouvernement prendra pour en empêcher la lecture. Moins les perquisitions seront vives, plus l'indifférence pour les lire sera grande ; mais si par un redoublement de soins, le Magistrat les condamne au feu, & que le bourreau les jette dans les flammes, alors tout le monde les saura par cœur. Le remede est donc impuissant contre le mal, ou pour mieux dire, le remède irrite le mal !

Bien loin d'anéantir un livre injurieux, on le perpétue ; car de tous les livres, celui dont on se souvient le mieux, est celui qu'on apprend par cœur.

Cela vient encore une fois du manque de confiance qu'on a dans les hommes. On a beau chercher à décrier le siècle par des peintures hideuses, il reste encore une espece de probité, une je ne sais quelle droiture, que les mœurs, toutes corrompues qu'elles sont , n'ont pas achevé de corrompre.

On pourroit appeller ce reste de candeur, l'ancre du monde moral, qui l'empêche de se noyer au milieu d'une mer remplie de vices.

Un châtiment qui inflige la honte, est un grand ressort pour guérir l'esprit de cette maladie. Tous les hommes y sont sensibles, ceux même qui n'ont point d'honneur craignent d'être deshonorés.

Que si tous ces moyens fondés sur la nature des

chofes, ne produifoient pas l'effet que tout Gouvernement modéré doit en attendre, & que pour l'ordre public, il fallût bannir ces Ecrivains de la fociété civile, dans ces cas extrêmes, les petites maifons vaudroient mieux que les grandes prifons. Et en effet, fi l'on fuit de près ces hommes qui fe font un jeu, une étude, une application perfonnelle de déchirer tous ceux qui tombent fous leur main, on trouvera que c'eft plutôt une folie qu'un délit.

Il ne faut pas non plus porter une inquifition trop févère fur les paroles; fouvent on ne dit rien en parlant beaucoup. Quelques fois on dit beaucoup en ne difant rien; un figne de tête, un élancement des yeux, pour approuver ou défapprouver, exprime mieux que le difcours le mieux étudié. Il y a prefque chez tous les hommes, une intempérance de langue, qui tient plus de l'inconfidération que de la malice; on diroit qu'ils veulent nuire, tandis que leur méchanceté fe réduit à ne favoir pas fe taire.

Lesparoles, dit un grand politique (1), ne forment pas un corps de délit : elles ne reftent que dans l'idée ; la plupart du tems elles ne fignifient point par elles-mêmes, mais par le ton dont on les prononce; fouvent en redifant les mêmes paroles, on ne rend pas le même fens ; ce fens dépend de la liaifon qu'elles ont avec d'autres chofes ; il n'y a rien de fi équivoque que tout cela.

Auffi les Empereurs Romains qui faifoient un

---

(1) Montefquieu, Efprit des loix, tom. 1, livre XII, chap. XII,

délit de tout, ne firent pas un crime des paroles.
Théodore, Arcadius & *Honorius,* écrivirent à Puffin,
Préfet du Prétoire, « Si quelqu'un parle mal de
» notre perfonne ou de notre Gouvernement, nous
» ne voulons pas le punir ; s'il a parlé par légereté,
» il faut le méprifer; fi c'eft par folie, il faut
» le plaindre ; fi c'eft par injure, il faut lui par-
» donner. Ainfi laiffant les chofes dans leur en-
» tier, vous nous en donnerez connoiffance, afin que
» nous jugions des perfonnes par les paroles, & que
» nous penfions bien, fi nous devons les foumettre
» au jugement ou les négliger. »

F I N.